君が会社で幸せになれる

一生使える仕事力

佐々木常夫

Tsuneo Sasaki

ビジネス社

まずは、自分の幸せだけを考えて働いてほしい。
そうすれば、必ず仕事はおもしろくなるのだから。

はじめに

仕事に必要な「たったひとつの武器」とは？

仕事でなかなか結果が出せない。

職場での人間関係がつらい。

やりがいが見出せず毎日がしんどい。

働く自分に自信が持てず、将来が不安でたまらない。

20～30代のビジネスパーソンの多くが、そのような悩みを抱えて生きているのではないだろうか。


今の日本社会は、経済的にたしかに厳しい状況にある。だが、実は時代に関係なく、働いているかぎり悩みや不安は常につきまとうもの。

事実、恵まれた世代の私にも、たいへん厳しい時期があった。突如、妻が肝臓病を患い、入退院をくり返すようになったのである。

私には、自閉症の長男を筆頭に3人の子どもいる。妻の病気をきっかけに、私は子どもたちの世話と妻の看病のために、毎日、夕方の6時には退社しなければならなくなった。

しかし、そんな状況をよそに仕事は多忙をきわめた。家族との時間を捻出するため、私は知恵をしぼって業務の効率化に努めたが、会社からは何度も異動を命じられ、東京勤務となったら大阪、大阪勤務となったら東京と、交互に6回も転勤した。

当時の私は、出世もしたいし、お金もほしいと思っていた。家族を養うために自分ががんばらなければと、血まなこになって働いていた。

ところが、そんな私の思いとはうらはらに、家族の心は離れていった。その挙げ句、妻はうつ病を併発し、手首を切って自殺未遂を起こした。7時間にも及ぶ大手術の末、妻は一命をとりとめたが、私はむなしい気持ちでいっぱいだった。

そこに追い打ちをかけるかのように、会社からは左遷人事が言い渡された。わずか2年で取締役を解任され、子会社へ飛ばされたのである。

「自分のサラリーマン人生はこれで終わった」

出世コースから外されたことで、私は失意のどん底に放り込まれてしまった。

だが、この絶望や挫折のさなか、私は大きな気づきも得た。

それは、たとえどんな運命が訪れようと、嘆いたり恨んだりせず、家族や周囲の人々を大切にしながら、自分にやれることをせいいっぱいやらなければならない……ということ。

なぜなら、それ以外に自分自身を幸せにする手がないからである。

幸せとは、働くことを通して、みずからを磨き、成長させること。

私たちが働く目的は、みずからが成長し、幸せになるため。

お金や地位のために働くのも大事だが、それはしょせん目先のことにすぎない。

そのことに気づいたとき、どう働けばいいのか、どう生きればいいのかが、改めて見えてきたのである。


君たちの多くは、「働くのはお金を得るため」と考えているだろう。

あるいは、「やりがいを満たすため」と考えているかもしれない。

お金を得るのもやりがいを満たすのも、すべては自分のため。

だから、「自分が幸せになるために働くなんて当たり前。今さら言うまでもないことじゃないか」と思う人もいるかもしれない。

しかし、君は果たして本当に、〝自分の幸せ〟を真剣に考えて働いているのだろうか？

「自分を幸せにしたい」という気持ちをなおざりにしたまま、お金のため、会社のためだけに働いてしまってはいないだろうか？

いや、もはや幸せが何なのかさえわからないまま、毎日をただ引きずるようにして生きてしまっているのではないだろうか？

私自身も、挫折を味わうまでは、ただがむしゃらに働いていた。ただただ必死で、何のために働くのかなど考えたこともなかった。

しかし、自殺未遂から奇跡的に一命をとりとめた妻に、「お父さん、迷惑ばかりかけてごめんね。お父さんからは、親よりも深い愛をもらえた。生きていられて本当に良かったと思っている」と言われたとき、私はこれまでに感じたことのない深い喜びを感じた。人を幸せにすることで得られる充足感を感じずにはいられなかった。

私は幸せでいたい。できるだけ笑顔で暮らしていたい。そのためには、家族を笑顔にし、幸せにしなければならないと確信したのである。

このことは、実は仕事の人間関係においても同じである。

幸せに働きたいなら、自分よりもまず先に相手のことを考える。そうすれば、必ず相手から大切にされ、信頼される。自分の殻にこもって悶々と働くより、結果的にずっと多くのリターンが得られる。

苦手な相手も、敵視する前に尊重する。そうすれば、さらにリターンは増える。少なくとも、ケンカなどするよりずっとダメージを減らせる。自分を不幸にせずに済む。

このように、「自分の幸せのため」に軸足を置いて考えれば、正しい働き方、人とのつき合い方の見当がおのずとついてくる。

「自分を幸せにしよう」と強く思えば思うほど、私たちはより良く働き、より良く生きることができる。

すなわち「自分を幸せにしたい」という自己愛を、強く、強く持つことこそが、しんどい世の中を生き抜くのに欠かせない「たったひとつの武器」となるのだ。

本書では、この「たったひとつの武器」、すなわち「自分を幸せにする」という強い信念に基づいた、私なりの働き方の知恵を伝えていきたい。

この知恵を使いこなせば、組織でどう生きればいいのか、上司や同僚とどうつき合っていけばいいのか、結果を出すにはどう働けばいいのか、君なりのやり方が必ず見出せるはずだ。

また本書では、私が長年のビジネスマン人生を通じて築いてきた、タイムマネジメントを中心とする具体的な仕事術も紹介する。若いうちは、ノウハウより体当たりで仕事に立ち向かうことも大事だが、転ばぬ先の杖として知っておけば、よけいな失敗を避けるのに役立つにちがいない。

私がこれまでの人生のなかで培ってきた、「幸せに働き、幸せに生きるためのエッセンス」が、働くこと、生きることにつまずきそうな君たちの心の拠りどころになれば、これに勝る喜びはない。

佐々木常夫

〜contents〜

第2章 自分を伸ばす働き方の知恵
～*Wisdom for developing your ability to work*～

第3章 上司とつき合う知恵
～*Wisdom for having a good relationship with your boss*～

第4章 仕事に生きる情報術の知恵
~Wisdom for applying intelligence in your business~

第5章

人生をより幸せにする知恵
~Wisdom for making your life happier~

第1章

~Wisdom for surviving in the company~

組織で生き抜く知恵

仕事力のコツ

01 会社という組織は常に理不尽である
～逆境の先にある幸せ、達成感を目指して働く～

会社では、理不尽なことが毎日のように起きる。

上司の言っていることがコロコロ変わったり、がんばって働いている人が報われなかったり、働きが悪いくせに高額な給料をもらう人がいたり……。

実は、このような理不尽さの被害は若い人だけがこうむるわけではない。一部の良くない会社だけに起きるわけでもない。**大企業、中小零細、会社の規模にかかわらず、組織であれば少なからず理不尽は存在**する。ベテランになっても、「おもしろくない」「やってられるか！」と悔しい思いを強いられることはたくさんある。

私は東レの取締役だった時代、業績が悪化しかけた会社を建て直すために、休日返上で働き、トップに改革案を提案した。もちろん、会社の利益を考えてのことだ。だが、そのトップは私にこう言った。

「オレの言う通りにやっていろ。オマエの欠点はいちいち自分で考えるところだ」

私は提案を却下されたばかりか、結局、取締役就任からわずか2年で子会社に左遷されてしまった。夜も眠れないほど悔しい思いをしたが、いくら悔しがってもどうにもならない。

社長からすれば、素直に言うことを聞かない私を疎ましく思うのも、当然といえば当然だ。会社とは人間によってつくられたものであり、仕事は人間がやることである以上、このような不条理がまかり通るのもいたしかたない。

それが会社というものだと割り切って、「ひどい目にあったもんだ」「あーあ。今日はこんなことをさせられちゃったよ」と笑い飛ばすくらいの気持ちを持つ。そういう**切り替えも、組織で生き抜く知恵の1つ**である。

だから、

「上司と合わない。やっていけない」
「雑用ばかりで仕事がおもしろくない」
「会社を辞めたい、転職したい……」

今、もしも君がそう考えているとしたら、私はまず「辞めずにがまんすること」をすすめたい。辛抱強くがまんして、忍耐力をつけることをおぼえてもらいたい。

そもそも、**人間、幸せになるには、ある程度の逆境を乗り越える必要がある。**がまんもなしに幸せをつかむことなど、あり得ないと思ったほうがいい。

相性の悪い上司とやっていかなければならないことも、不本意な思いを強いられることも、もちろんしんどいにちがいない。

だが、それを乗り越えた先には、必ず達成感が待っている。

「やったぞ！」とガッツポーズをとる瞬間が、まちがいなく訪れる。

その喜びを体験しないまま、イヤな思いやしんどい思いをしただけで会社を辞めてしまうなんて、こんなもったいないことはない。

1度や2度の失敗で仕事を放り出してしまう人、すぐに会社を辞めてしまう人というのは、私からすれば自分を大切にしない人、幸せにしたくない人だと言わざるを得ない。

何も無意味な精神論を述べるつもりなど毛頭ない。**「忍耐力」＝「自分を幸せにす**

るための道具」だと考えてほしいのである。

古い話だと笑われてしまうかもしれないが、やはり、戦後の人たちは強かった。過酷な環境を生き抜くために、みな必死に、文句も言わずに働いた。

今以上につらいことなどたくさんあっただろうが、「仕事を辞めたら生きていけない」という切迫した状況のなかで、幸せな明日を目指して、みな「がまんなど当たり前」と自分に言い聞かせて生きていたのである。

そんな時代に比べれば、今はずっと楽ちんだ。言い換えるなら、**私たちは「もう少しがんばってみよう」「歯を食いしばって耐えてみよう」と思いにくい時代を生きている**ともいえる。

だが、くり返しになるが、会社とはそもそも理不尽なものであり、会社で働くためには、理不尽に耐える忍耐力が不可欠だ。

だからこそ、「辞めたいなあ」と思ったときこそ、まずは耐えてみよう。

「忍耐」という組織で生きる知恵を、しっかりと身につけたら、いよいよ「働く」ことが楽しくなってくるのだから。

仕事力のコツ

02

仕事は業務内容より、給料が高いほうが大事

～生きるために働くことを軽視してはいけない～

希望した職種に就けなくて悔しい。

第一希望の会社に入れなくて、しかたなく今の会社にいる……。

そんな思いを抱えている人も少なくないかもしれない。だが、私に言わせれば、**実は会社なんてどこも一緒**。仕事に対する志や意識を高く持つのは大事なことだが、若いうちは職種や業務内容にこだわりすぎないほうがいい。

なぜなら、**どのような職種であろうと会社の仕事というのは、そもそも「雑用のかたまり」**だからだ。

私は**「すべての仕事の8割は雑務」**と考えているが、ましてや20代で任される仕事は、「ほぼ100%が雑務」だと言っても過言ではない。たとえ第1希望の会社に入れたとしても、就きたい職種に就けたとしても、最初にやらされる仕事は、ほとんどが雑用のはずだ。

仕事の真のおもしろみが味わえるようになるのは、早くても30代に入ってから。そうした**仕事の楽しさを知るための準備として、まずは「雑務を経ること」が必須**なのである。

かく言う私も、第一希望で東レに入社したわけではない。

「取締役になるまで働いたくらいなんだから、相当東レが好きだったのだろう」と思う人もいるかもしれないが、学生時代は国家公務員や出版社に憧れていた。

だが、公務員試験に手が回らず役人は断念。出版の仕事も向いていない気がして、結局、就職活動の末、東レに就職することになったのである。

実を言うと、すでに就活当初、面接だけで決まる銀行から内定をもらっていた。しかし、「一生を左右するかもしれない就職を面接だけで決めていいのか」という気持ちから、入社試験のある会社も受けてみることにしたのだ。

新日鉄、日本航空、旭硝子などいくつか受けた。そのうちの1社が東レで、たまたま大学のサークルの先輩だった同社の採用担当から、「うちも試験があるから、受けてみたらどうだ」と言われたのがきっかけで受けてみたのだ。

東レといえば繊維を扱う会社だ。どんな仕事かもイメージしやすい。いろいろなことを自由にやれそうだ……。言ってみれば、その程度の知識しかなかったが、試験、面接を経て、どうにか内定をもらうことができた。

では、**なぜ東レに入社することを決めたのか。その決め手になったのは、何と言っても給料が一番高かったこと**だ。

事実、私は面接官から「どうして東レを選んだのか？」と聞かれて、迷わず「お給料が一番高いからです」と答えた。

「ふつう、そういうことは言わないんだよ。君は正直だなあ」と笑われてしまったが、**給料の多い少ないで会社を選ぶのは決して悪いことではない**と思う。

先述のように、**新人の仕事がほぼ100％雑務であるならば、職種や業務内容などより、むしろ給料で会社を選ぶほうが、きわめて理に適っている**のではないだろうか。

好きなことを仕事にしたい。

仕事を通じて自己実現をしたい。

そんな理想を持って仕事を選ぶのもけっこうだが、**「好き」や「自己実現」以前に、「生**

活のため」に働くのだということを忘れてはいけない。

「食っていくため」に仕事をすることを一段低く見る人もいるし、「食べるために好きでもない仕事をするのはつらい」と思う人もいるかもしれない。

達成感や生きがいなど、仕事には「食っていくため」以上の意味があるのもたしかだが、それだって「食っていく」ことをクリアしたうえでの話である。

どんな仕事だろうと、「生活のため」に働くことを軽視してはいけないのだ。

憧れもこだわりもなく、何となく「給料」で東レを選んだ私も、雑務を経験して仕事に向き合うなかで、次第に会社を愛するようになり、より上のポストを目指すようにさえなった。

それと同じように、君が今、仕事に不満を感じていたとしても、そこを乗り越えていくうちに、トップを目指すようになるかもしれない。

大事なのはどの仕事に就くかではなく、自分が仕事とどう向き合うのかということなのである。

仕事力のコツ

03 できて当然の「礼儀正しさ」こそが武器となる

～学生時代の実績より幼稚園時代の教えが重要～

就職活動では、体育会系の部活でキャプテンを務めていたような人材が好まれるというが、**率直に言って、学生時代の能力と仕事のできる、できないは関係がない**。

東レでも、一流国立大学のテニス部のキャプテンを務めた男が採用されたことがあった。運動神経も頭もよく、入社試験も面接も難なくクリアしたが、これがいざ入社してみたら、まったく仕事ができない。

一方、関西の私立大学から社会人野球部の選手として入社し、工場の事務方を務めていた人間が、工場の閉鎖をきっかけに本社の営業部に配属されてメキメキ頭角をあらわし、専務まで上りつめたというケースもあった。

つまり、学生時代に実績があっても、仕事ができるか否かは、あくまで人によるということ。

学生時代にスゴかった人が、仕事でもスゴいとはかぎらないのである。

もちろん、キャプテンを務めた経験は、それなりのアドバンテージにはなる。実際メンバーをまとめてきたわけだから、社内でもリーダーシップを発揮することができなくはないだろう。

だが、**まとめる力があることと、仕事ができるかどうかは、まったくの別問題**である。まとめる力も大事だが、若いうちはやはり仕事で実績を残すことを、第一に目指さなくてはならない。

スポーツの世界と同様、会社という組織においても、ある程度の実績を積んで、初めてリーダーを任せられるようになるからである。

もっとも、何を隠そう東レ入社当時の私も、自分の事務処理能力を過信し、仕事というものを甘く見ていた。一応、狭き門を突破して入社できたという自負も強すぎたのかもしれない。

「自分はある程度仕事ができるはず」

と思っていたのに、失敗をくり返しては、とにかく上司からこっぴどく叱られまくったのだ。

上司に叱られるたび、私はプライドが傷つき、腹の立つ思いもしたが、そのおかげで自分の甘さを思い知り、若い人にありがちな思い上がりに気づくことができた。

私は学生時代、ワンダーフォーゲル部のキャプテンを務め、部員たちから頼りにされ慕われていた。だが、いくらキャプテンを務めようと、狭き門を突破しようと、仕事ができて認められることとは何の関係もないと痛感したのである。


当たり前のことだが、仕事は個人プレーでは進まない。

抜きん出た才能を持つ人間がひとりいたところで、良い業績を上げることなどできない。仕事とは常に誰かと共同で行うものであり、社内の人間やお客さまなど、多くの人々とコミュニケーションをとりながらつくり上げるものだからだ。

その意味で言えば、学生時代の活躍や華々しい経歴など、むしろ不要であると言っても過言ではないかもしれない。

能力が高くても自意識が強く、自分の過ちを素直に省みることのできない人間より、たとえ地味でも謙虚に礼儀正しくふるまえる人間のほうが、はるかに伸びシロがある

といえる。

相手を尊重し、礼儀正しくふるまえるということは、ビジネスにおける最大の〝攻撃力〟になるのだ。


礼儀正しさとは、きちんとあいさつができること、ウソをつかないこと、素直な気持ちでお礼や謝罪ができること、誰かを仲間はずれにしないこと、約束の時間をきちんと守ることなどだ。

「なんだ、そんな幼稚園で学ぶようなことが攻撃力になるのか」

そう思うかもしれないが、これらをきちんとできる人間は、実はそれほど多くはない。むしろ、**仕事がうまくいかない原因の多くは、この当たり前の礼儀を怠っているところにある**。

だから、学生時代に活躍した人はよけいな見栄やプライドを捨てて、活躍できなかった人は無用なコンプレックスを捨てて、今一度あらたな気持ちで、社会人流の「礼儀正しさ」をしっかりと身につけてほしい。

この**礼儀正しさが、組織で生きる君を必ずや助けてくれる**のだから。

仕事力のコツ

04 会社の仕事は結局どれも同じである

～希望部署へのこだわりはまったく意味がない～

希望の会社には入れたが、望む部署に行けなかった。そのせいで何となくやる気を失ってしまった。そんなふうに悩んでいる人もいるかもしれない。

だが、**20～30代の頃の仕事の要諦は「目の前の仕事を一所懸命にやること」**である。どんな業務であろうと、目の前の仕事をひとつひとつ、自分なりの工夫を加えながらやり続けることが重要なのである。

私も、新人のうちは「こんな仕事は誰がやっても同じだろう」「これを自分がやる意味があるのか？」などと生意気なことを考えていた。

だが、コツコツやり続けるうちに「こうすればもっと効率的にできるのではないか？」「こうしたほうが質の高い仕事ができるのではないか？」と、頭を使って考えながら仕事をこなすようになった。

すると、工夫したことに対して「よし、うまくいった！」と手ごたえを感じられるようになり、徐々に上司に認められ、信頼され、より重要な仕事を振ってもらえるようになったのだ。

私は同期のなかで一番早く課長になったが、何も私が特別な才能を持っていたからではない。目の前の仕事を、ひとつひとつ工夫しながらやっていく。それを愚直に積み重ねただけなのである。

そもそも、自分の希望する部署が、本当に自分に合っているとはかぎらない。憧れていた部署に配属されたものの、やってみたら少しも実績が出せない。思っていたのとちがって、少しも楽しいと思えないということも少なくない。

だからこそ、**仕事、部署は自分で決めるより人事部に決めてもらったほうが、自分の能力をより発揮できるはずだと考えたほうがいい**。人材配置のプロである人事部のほうが、よほど本人の適性をわかっているからである。

私の場合、すでに述べたように、憧れもこだわりもなく入社したので、希望の部署を聞かれたとき「どこでもいいです」と答えた。〈会社の仕事なんて、どこに行ったってどうせ同じじゃん〉と思っていたのである。

その結果、入社当初は営業部に配属されたが、1週間の研修後、営業部ではなく管理部の配属となった。「佐々木はどうも、営業より管理のほうが良さそうだ」と判断されたらしい。東レは繊維の会社なので、テキスタイル事業部門に憧れる人が多かったが、管理部は経理や人事など権限のある部署である。私としては「まあ、悪くないな」という印象だった。

ところが同期のなかにひとり、希望の部署に行けずえらく荒れたヤツがいた。さあ明日からいよいよ現場だという前日の夜、みんなで打ち合わせを兼ねてお酒を飲んでいるときに、酔ってからんできた男がいたのだ。

男：オレは花形の営業部に行きたかった。管理でも良かった。そのオレが、なんで物流部なんだよ。

私：何言ってんだ。会社の仕事なんて、どこだって同じだぜ。

男：キサマ、何だと！　オマエは管理だからそんなことが言えるんだ。オレは物流だぞ、物流！

彼は激昂して私を怒鳴りつけてきた。酔った勢いもあったのだろうが、そんなことで怒り出すとは、困ったものだと言わざるを得ない。物流に配属されたのにはそれなりの理由があると、謙虚に考えを切り替えるべきである。

ちなみに、その男はがんばり屋で望みがとても高かった。「オレは東レの社長を目指すんだ」と豪語するくらいの勢いがあった。仕事に対しても自分に対しても、意識がたいそう高かったのかもしれない。

しかし、**入社したばかりで「社長を目指す」は、いくらなんでもあまりに非現実的**だ。何しろ、社長なんて10年にひとりくらいしか出ないのだから、確率でいうならおよそゼロに近い。そんな荒唐無稽なことを考えるくらいなら、与えられた仕事を1日も早く覚え、上司に認められて信頼を得ることを目指したほうがいい。

高いモチベーションを持つことで、自分を鼓舞するのも大事だが、仕事の何たるかもわからないうちから、身の丈に合わない目標を掲げるのは百害あって一利なし。

とにかく目の前の仕事をしっかりとこなして、1日も早く成果を出す。部署うんぬんを考えるのは、そのあとでも決して遅くはないのである。

仕事力のコツ

05

一番大事なのは仕事への向き合い方だ

～自分の会社がブラックか否かで悩むのはやめにしよう～

とある企業に就職した若者から、こんな悩みを聞いたことがある。

小さいながらも、希望していた出版関係の会社に就職し、店を取材して記事を書く編集記者の仕事に就いた。取材も執筆もとても楽しく、たいへんなことも多いがやりがいもある。同僚や先輩にもとても恵まれている。

だが、よくよく聞くと、経営者のワンマンぶりがはんぱではない。社長の都合に合わせて働かなければならないため、帰宅が深夜から明け方になることも少なくない。社員の意見に聞く耳を持たず、辞めさせられる人や辞めていく人も数多い。

こんな環境で働いていて、果たして本当に良いのだろうか。でも仕事はとてもおもしろいから、辞めてしまうのはもったいないという迷いもある。

いったいどうしたらいいか悩んでいる……、というのである。

こういうケースは、判断がとてもむずかしい。ワンマンぶりから察するに、良い組織とはとても言えなさそうだが、かといって、**就職してまだ1年もたたないうちに結論を出すのは性急**すぎる。

経営者はともかく、仕事も楽しいし同僚ともいい関係を築けているのだから、**少なくとも3年はがまんして、続けてみてほしいと言いたい**ところである。

もちろん「つらくてつらくて、耐えられない」というのなら話は別だが、迷っているのであれば、そう簡単に辞めないほうがいい。**「迷うくらいだったら続けるべきだ」**というのが、私の基本的な考え方である。

とはいえ、ここ数年、若者をひたすらこき使う「ブラック企業」が何かと問題になっているのも事実だ。

残業代もつかないのに長時間労働を強いる。辞めたいのに辞めさせてくれない。その挙げ句、病気になったり、心を病んで自殺してしまったり、などというニュースもたびたび聞く。

大手や有名企業でも、そういった問題を抱えているところがあることを考えれば、あらかじめしっかりと情報収集し、悪い企業にひっかからないよう、自分なりに身を守ることも重要である。もちろん、違法行為を常態化させている会社など、辞めたほうがいいのは言うまでもない。

ただ、ひとつだけ言っておきたいのは、**会社とは基本的に「まともなもの」である**ということ。**多くの会社は社員を大切にするし、社員を大切に育てることによって会社に利益をもたらそうと考えている**。

社会全体から見れば、違法行為を常態化させているようなブラック企業は、ほんのひとにぎりにすぎないと言ってもいい。だから、何でもかんでも「ブラックかもしれない」と騒ぐのも、あまり賢いこととは言えない。

新人のころは、イヤな思いをしたり思い通りに働けないことも多いと思うが、あまり神経質にならず、自分が勤めている会社が本当にブラックかどうか、冷静に判断するようにしてほしいと思う。

所属する組織がブラックなのかホワイトなのか、その見きわめは案外むずかしい。

そもそも組織とは、時代とともに変わっていくものだからである。

誰もが知る大企業が業績不振で落ちぶれることもある。小さな会社が売上を伸ばし、知らぬ人などいない有名な会社になることもある。そういう意味でいえば、たとえ今はホワイトな会社だったとしても、いつブラックになるかもわからない（もちろん、業績悪化企業＝ブラック、業績上昇企業＝ホワイトといったように、単純に分けられるわけではないが……）。

ともあれ、**「絶対に安心して働ける」と保証できる会社など、ないに等しい**と言っても過言ではないのである。

では、それならばいったい、**何を基準に会社を選べばいいのか。**

その答えは、「自分がその会社に入ってどう働きたいか」を考えることにあるのではないだろうか。

どの会社に勤めようと、一番大事なのは自分であって、会社ではない。

どの会社で働くかより、自分がそこでどう働くのかが重要なのだと考えれば、自分の会社がブラックなのか否か、辞めるべきなのか続けるべきなのか、といったことで悩む必要などなくなるはずだ。

仕事力のコツ

06 限界を超えたら、もうがまんなどしなくていい

～働く幸せが感じられなければ、会社にいる必要などない～

どんな会社でも、少なくとも3年はがんばってみる。

それが私の持論だと述べたが、もしも**君が「もうだめだ」「しんどくて続けられない」と心底思ったら、もちろん、それ以上がんばる必要などない**。

「はじめに」でも言った通り、働くのは幸せになるためであり、働くしんどさに耐えるのも幸せというゴールがあるからだ。その**忍耐や努力が逆に君を苦しめ、不幸にしているのだとしたら、それは本末転倒にほかならない**。

限界を超えたと感じたなら、もうがまんなどしなくてもいいのだ。

もっとも、会社の規模によっては、辞める必要がない場合もある。

たとえば大企業であれば、人事異動によって環境が変わり、それに伴ってしんどさが解消されることもあるだろう。事情を話して部署替えを願い出るなど、辞めずに済

む方法を上の人に相談してみるのが先決だ。

だが、小さな会社で異動も転勤もなく、ずっとそのしんどい状況が続くのだとしたら、思いきって退職して、別の職場を探すほうがいい。

悩んだときには「こんなことに耐えて、自分は幸せか?」「この先に、本当に人生の幸せが待っているのか?」と、自問してみてほしい。


私は東レという会社が大好きだったが、「しんどいな」「もう辞めたいな」と思ったことがないと言えばウソになる。

「はじめに」で述べたように、私は一家の大黒柱として働きながら、肝臓病とうつ病に苦しむ妻を看病し、障がいを持つ長男を筆頭に2男1女を育て家事もこなすという、きわめて忙しいサラリーマン生活を送っていた。

休む間もなく働いてへとへとに疲れ、会社からの帰り道に自販機で買った缶ビールをあおりながら、「こんな忙しい生活、もうやっていられないな……」とくじけそうになることもしばしばだった。

おまけに、当時は「家庭よりも仕事優先」が当たり前の時代である。

私は家族のために毎日午後6時に退社しなければならなかったが、「仕事より家庭を優先するなんて恥ずかしい」「会社に知られたらマイナスになる」と思い、自分の悩みを誰にも相談できずにいた。

でも、あるとき、とうとう隠しきれなくなり、上司や部下に自分の家の事情を思いきって打ち明けた。冷ややかな対応をされると覚悟してのことだった。

ところが、意外にもみな理解を示し、「できるかぎり協力する」「遠慮なく相談してほしい」と言ってくれたのだ。しかも、それをきっかけに同僚や部下も自分の悩みを打ち明けてくれるようになり、それまで以上に助け合い、協力し合える関係を築くことができるようになった。

このように、**自分ひとりで抱え込まず、周囲に相談してみることで、思わぬ活路が開けるということも決して少なくはない**のである。

もちろん、若いうちは上司に相談などしづらいだろうし、「会社なんて、どうせ人をコマとしか見ていない」という不信感もあるかもしれない。

だが、世の大半を占めるまともな会社であれば、社員の訴えに耳を傾け、より良く働けるよう取り計らうはずだ。

組織とは人によって成り立っているものであり、人によって成り立つからには、社員との間の「信頼関係」が欠かせないからである。

悩みを解消することによって、信頼関係が築かれれば、社員のモチベーションもスキルもアップする。組織内における無用なロスやトラブルも回避され、組織全体が活性化する。

すなわち**信頼関係とは、組織に不可欠な「インフラ（基盤）」であり、信頼関係があってこそ組織の力は最大化される**と言っても過言ではないのである。

会社は利益追求を目的とする集団であり、その目的のためにやむなく社員を切って捨てることがあるのも事実だが、社員との信頼関係をなおざりにし、一方的に使い捨てるような会社は、組織として健全であるとは言いがたい。

がんばって訴えてもダメ。話を聞いてくれる人もいない。もうここにいても何のメリットもない……。そのように感じるのであれば、辞めるという選択肢も十分あり得るのである。

仕事力のコツ

07

会社員生活は出世するほど楽しくなる

～管理職には「苦しい」「つらい」以上に「自由」がある～

20～39歳を対象とした「若手社員の出世・昇進意識に関する調査」によれば、なんと20～30代の6割が「出世したくない」と考えているという。

なぜ出世や昇進をしたくないかといえば、

「昇進しても働きに見合った給与がもらえないから」
「ドロドロした人間関係のリスクを負いたくないから」
「プライベートな時間が減るのは避けたいから」
「大きな責任を負う自信がないから」

などといった理由が挙げられているそうだが、私に言わせれば、これらは的外れもいいところだ。

何しろ、**出世すれば権限が与えられる。自分で働き方を決めることもできる。残業を減らすこともできる。プライベートな時間も確保しやすくなる。結果的に、給与が**

上がって、なおかつ働く時間を短くすることもできるのだ。

事実、私は課長になったとき、会議を半分に減らし、重要でない業務を切り捨て、計画的に業務を遂行するよう指示した。徹底した効率化によって実績を残すと同時に、長時間労働をやめさせ、毎日午後6時には退社できる体制をつくり上げたのだ。


そもそも出世や昇進というと、人を出し抜いたり、陥れたりといった殺伐とした競争をイメージしがちだが、一口に競争といっても、その実態はさまざま。何が昇進の決め手になるかも、人それぞれである。

たとえば、実績によって出世する人もいれば、人柄が認められて出世する人もいる。**私の先輩で「オレはゴマすりで副社長になる！」と宣言した男がいたが、彼はゴマすり＝上司に対するサービスをきわめることで、なんと本当に専務にまで昇進**した。

「ゴマすりだけで昇進なんてバカバカしい」と思うかもしれないが、彼は出世のためにカラオケの腕を磨き、接待の店を徹底的にチェックしまくった。和食から洋食まで、評判の店はすべて食べ歩いてリストをつくっていたほどである。

もっとも、彼の昇進は専務止まり。ゴマすりだけで副社長になるのは、さすがにむずかしかったということになる。

だが、この例からもわかるように、**会社というのはいろいろな人間を求めるものであり、優れた人物や切れ者ばかりが重宝されるとはかぎらない**。

だから競争など気にせず、「出世も昇進もあとからついてくる」程度にとらえて、まずは与えられた役職を自分らしくまっとうすれば良いのである。

ちなみに、社長になると「責任重大」「きつい」ということばかりがクローズアップされがちだが、これも私に言わせれば、ほぼウソっぱち。責任重大できついのもたしかだが、それ以上に、あずかる恩恵がきわめて大きいのである。

何しろ、社長は会社のなかで当たり前だが一番給料が高い。自分の専用の個室があって、秘書もいる。自分の思ったように物事を決められる。**トップになると、もう特権だらけである**。

たとえば、社長や会長になると、彼らしか使えない別荘が手に入ることもある。私は会社を辞めてから、偶然そのことを知った。訪れた旅行先で、タクシーの運転手から教えてもらったのだ。

もちろん、こうした特権は会社によってちがうだろうし、時代によって変わるものではあるが、トップになれば、役員さえ教えてもらえない、特別な待遇、サービスを受けられるようになるのだ。

不条理だろうとなんだろうと、出世や昇進にこだわり、役職にしがみついてしまう人々がいるのは、こうした特権が役職名の裏に隠されているからなのである。

このように、出世や昇進には大きなメリットがある。

にもかかわらず、**若い人々がそう思えない、出世や昇進をしたくないということは、そうしたメリットを知らないことと、いかに今の管理職の働き方がおかしいか、ということの証し**でもある。

今の上司を見て、「こうはなりたくない」と思うのかもしれないが、**「つらい、苦しい」ばかりが管理職の働き方だと考えるのはまちがい**である。

本来、管理職とは、仕事の権限も広がり給与も高くなる理想的な立場だ。

条件反射的に「出世」を忌み嫌わず、上に立つデメリットり、むしろメリットにこそ目を向けてほしい。

仕事力のコツ

08 人間関係は、自分次第でいくらでも変えられる

～相手を立てることは自己犠牲ではなく成長への通過点～

組織で働く悩みの大半は、人間関係にあるのではないだろうか。

「人にはメチャクチャ厳しいくせに、自分にはとんでもなく甘い今の上司が嫌い」

「偉そうな口のきき方をする、あの取引先の担当者が苦手」

「いつもネガティブな発言しかしない、アイツさえいなければ楽しく仕事できるのに」

こんなふうに、誰もが人間関係に悩み、少なからず不満を抱く。人間関係が原因で会社を辞めたいと思うことも、決して少なくはないはずだ。

だが残念ながら、**仕事とは「人にまみれて」するもの**である。

上司、同僚、取引先、お客さま……。なかには当然、わがままな人もいれば、気むずかしい人もいる。神経質だったりルーズだったり、自分との相性が悪い相手もいる。

だが、**たとえ相手がどんな人間でも、一緒に仕事する人を選ぶことはできない**。

だから合わないと思う相手とも、うまくつき合うよう努力する。

それも仕事のひとつととらえられれば、必ずや成長の肥やしとなる。

たぶん、君も気づいていると思うが、そもそも悪いところだらけの人間などそうそういない。

「イヤなヤツだな」と思っていても、つき合ってみたら、「意外と自分と価値観が同じだ」と気づかされることのほうが多い。

相手のいいところが見つかれば、おのずと苦手意識は少なくなる。コミュニケーションをとるのも楽になる。君が見つけた相手のいいところが、仕事をするうえで、何らかのメリットをもたらすこともあるだろう。

逆に苦手意識や思い込みのせいで、いいものを見落としてしまっている可能性だって十分あり得るのだ。

だから、**仮に第一印象が良くなかったとしても、相手のことをしっかりと観察して、ホワイトな面を積極的に探してみてほしい。苦手な相手とつき合うときは、そのホワイトな面だけを見てつき合えばいい**のである。

しかし、なかには「どうしてもイヤなところしか見えない」ということもある。**「心からつき合いたくないな」という相手もいる。**

そういうときは、「さらっとつき合う」ようにしてみるといい。

「深く理解しよう」「何とかして好きになろう」とせず、演技をする要領で、淡々とつき合うのである。

人というのは、「相手が自分をどう思っているか」ということにたいへん敏感である。「オレ、コイツ苦手だな」という気持ちで接していれば、その気持ちは100％相手に伝わってしまう。

そうすれば、当然相手との関係はギクシャクし、仕事がしにくくなってしまう。仕事がしにくくなれば、満足な成果も出せず、仕事がおもしろくなくなる。挙げ句「もう辞めたい」となってしまう。

そんなことになるくらいなら、**本心を少しばかり引っ込めて、ちょっとだけ演技をして、相手とうまくやるほうがずっとトク**である。「あなたをリスペクトしてますよ」という雰囲気をわずかでも出せば、相手はこちらを嫌うどころか、好意さえ持つようになるだろう。

私も面倒くさい上司に対して「コノヤロー！」と思うこともあったが、ぐっと抑えて相手の言い分を聞くようにしていた。そうしたほうが上司の信頼を得られ、その分こちらの言うことも聞いてくれたからである。


このように、組織で生きていくには、自分の好き嫌いより相手を立てることを優先しなければならないこともある（というかそれが大半だ）。そのために、演技的なふるまいを余儀なくされることもある。

「自分は不器用で、演技なんてとてもできない」と思う人もいるかもしれないが、世の中にはやってみなければ、わからないこともたくさんある。とにかくトライしてみてほしい。できないと思っていても、くり返しやっていくうちに、いつの間にか得意技になっていたということなど、いくらでもある。

すべては自分が成長し、幸せになるため。くだらない自己犠牲ではなく、幸せという目的のための通過点だと考えればいいのである。

ちなみに、**同僚とつき合うときも、相手を立てることを心がけたほうがいい。**

「同期より一歩でも抜きん出たほうがトクをするはず」と思っている人も少なくないかもしれない。

だが、**人を出し抜いたり、つまずいた人間を下に見るようなマネをすれば、おのずと敵をつくる**ことになる。

会社のなかでは、敵はつくらないにこしたことはない。組織を生き抜くには、平和主義を第一に考えることが重要である。

戦国時代最高の知将とされる毛利元就は、負け戦（いくさ）をしたことがない。

その強さの理由は、「できるだけ戦を避ける」という戦略をとったから。

戦略とは「戦いを略す」と書くが、組織においても、無用な戦いは避け、平和に事を運ぶのが「勝ち」である。

よく「男は外に出れば7人の敵」などというが、これは大ウソ。まちがっても敵などつくってはいけない。何よりも「戦を避ける」を戦略の要とし、「7人の味方」をつくることが、仕事を楽しくする一番のコツなのである。

仕事相手とうまくつき合うのが成長のカギ

苦手な人に対しては……

「だから早めに報告しろって
言っただろ！」
「仕事ってのは、自分の思い通りには
進まねえんだよ！」
「作業遅すぎ！
少しは効率ってもんも考えろ！」

**あれ？　口調はいつもキツイけど、
よくよく聞くと悪口だけは言ってないんだ。**

ホワイトな面にスポットを当てる！

同僚に対しては……

×
同期の佐々木、
田中、加藤、鈴木、
小林、高橋、井上。
まずは彼らと
オレは違う
というところを
しっかりアピール
しないと……。

○
**同期のアイツらと、
どううまく協力
していくかが、
オレにとっても
彼らにとっても
成功のカギだな！**

**同僚を出し抜こうなどと考えたら
敵をつくるばかり！**

仕事力のコツ

09 立場を超えて、どんな相手にも敬意を払おう

～これからの組織のカギを握る「ダイバーシティ」を実践する～

日本の組織は、同調圧力が強い。

多数派の意見を集団内で強制し、異なる意見を持つ人を非難したり排除しようとする傾向が、とても根強く残されている。

だが、同調圧力が強いのは、組織にとって決していいこととはいえない。**異なる意見に耳を傾ける体質がないということは、組織内で起きている過ちに気づくことができず、経営的な失敗を犯す危険が大きいということを意味する**からである。

象徴的なケースをひとつ紹介しよう。

とある大手百貨店の株主総会でのことである。その百貨店はゴルフ場経営の失敗によって600億円以上の損失を出した。株主からは質問が飛び交い、会場は紛糾した。

そのとき、ひとりの株主が壇上の役員に向かって「慶應出身者は立ってみろ」と言い放った。半分以上がゾロゾロと立ち上がるのを見て、彼はすかさずこう叫んだ。

「慶應出身者ばかりで固めるから、こんなことになるんだ！」

１００％正解とはいえないかもしれないが、彼の意見に一理あるのも事実だ。その百貨店の社長も慶應出身で、周りを似たような身内だけで固めていたからである。

もし仮に、この組織のなかに「そんな経営方針はおかしい」と言える人がいて、その意見に耳を傾ける体質があったなら、６００億円以上の損失などという事態を招かずに済んだはずだ。

多数意見に異質な意見が投げ込まれれば、当然組織内で対立や衝突が起きる。だが、その**対立によるコンフリクト（摩擦）が思い込みをただし、新しい発見やイノベーション（革新）を生み出してくれる**。

こうした手間ヒマを受け入れ、乗り越えることを通じて、組織は強くなっていくのである。

このように、異質な考え方を取り入れることによって、みずからの誤りを検証し方向修正を行う考え方は**「ダイバーシティ（多様性）」**と呼ばれる。

最近多くの先進企業で取り入れられている経営戦略だが、多様な価値観を認め、異質な考え方を受け入れながら互恵的に支え合う考え方は、これからの組織に不可欠であると言っても過言ではない。

また、**思い込みにとらわれず、柔軟にものごとを考えるという意味でいえば、ダイバーシティは個人の考え方においても重要**であるといえる。**ブレないこともたしかに重要だが、自分のモノサシに固執せず、人それぞれの価値観を認め合うことが、組織で働くうえでは不可欠**なのである。

たとえば、**私は新入社員も含め、部下をみな「さん」づけで呼ぶようにしていた。**

呼び捨てにしたり、「君」づけで呼ぶのが一般的なのかもしれないが、新人だから、部下だからという理由だけでそういう呼び方をするのは、相手を見下していることにほかならない。

新人や部下でも、自分にはない能力を持っている人もいる。

そのことを踏まえて、ひとりの人間として認め、敬意を払う。

ささいなことかもしれないが、それもまた、ダイバーシティを実践する方法のひとつではないかと思うのだ。

ちなみに、私は自分の母親に対しても、母親である前にひとりの女性、人間であると考えていた。

母は、私が6歳のときに夫を亡くし、女手ひとつで苦労しながら、私を含めた4人の息子を育て上げた。私はそんな母の姿を見て、「彼女の人生が、苦労だけで終わってしまうのは絶対にいけない」と思っていたのだ。

だから「いい人がいたら結婚すれば」と再婚をすすめ、実際に再婚話が持ち上がったときも、いの一番に賛成した。「母が再婚なんて……」と、ほかの兄弟たちはうしろ向きだったようだが、「母も女性として幸せになる権利がある」と訴えて、何とかみんなを説き伏せた。

親の再婚を喜んであげるのも、部下や新人を「さん」づけで呼ぶのも、人によっては抵抗感があるかもしれない。だが、**親子である前に、上司と部下である前に、相手をひとりの人間として認めたほうが、お互いの信頼が深まり、より良い関係性を築けるのはまちがいない**のだ。

ダイバーシティという考え方をベースに相手を認め尊重することは、組織の内部、外部を問わず人間関係を円滑にし、一所懸命働く君にプラスをもたらすはずだ。

第1章

組織を生き抜く知恵のポイント

- □ 会社では、理不尽なことが毎日のように起きる
- □ 「忍耐力」＝「自分を幸せにするための道具」と考える
- □ 職種や業務内容などより、むしろ給料を基準に会社を選ぶほうが合理的
- □ 「生活のため」に働くことを軽視してはいけない
- □ 相手の尊重と当たり前の礼儀が、ビジネスにおける最大の“攻撃力”となる
- □ どの会社に勤めようと、一番大事なのは自分であって、会社ではない
- □ 出世するといいことだらけ
- □ 組織を生き抜くためには、「平和主義」を第一に考える
- □ 上司も部下もひとりの人間として敬意を持つ、ダイバーシティ感覚が大切

第
2
章

~*Wisdom for developing your ability to work*~

自分を伸ばす働き方の知恵

仕事力のコツ

10 長時間労働はプロ意識の欠如から生まれる

〜会社は夜遅くまでオフィスにいる人など求めていない〜

20代の頃は、まだまだ仕事のアマチュアである。

おぼえなければならないことが山ほどあるため、時間外労働をいとわず、身を粉にして働くことも多いだろう。

しかし、だからといって長時間労働がふつうだと考えてはいけない。

長時間労働に慣れてしまうと、短い時間のなかで結果を出すことができなくなり、結果的に効率の悪い仕事しかできない人間になってしまうからである。

長い時間働けば、たしかに短い時間より成果を出せることもある。だが、それはあくまで一時的な話でしかない。

朝からダラダラと働き、終わらなければ残業すればいいと考えて仕事をする人と、夕方6時の終業に向かってまっしぐらに仕事をする人とでは、後者のほうが成長するのは明らかである。

仕事は、「脱・長時間労働」を基本と考えるようにしよう。

もっとも、長時間労働が常態化している会社は少なくない。上司へのやる気アピールや会社に対する貢献度を示すために、長時間労働をせざるを得ない人もたくさんいるだろう。

だが、**会社が求めているのは夜遅くまでオフィスにいる人間ではなく、あくまで仕事ができる人間**である。周りも長時間労働をしているからといって、それに染まってしまうと結局ソンをしてしまうのだ。

私は32歳のとき、つぶれかかった会社の再建メンバーに選ばれた。負債総額1600億円という、きわめて深刻な仕事だった。東レがその会社の債権を一番多く保有していたこともあり、通産省（現・経済産業省）からの求めに応じて、会社建て直しのための人手を出すことになったのだ。

そのとき選ばれたメンバーのなかで、長時間労働をしているような人間など誰もいなかった。つぶれかけた会社を再建しなければならないという重大な戦いに臨んで、ダラダラと仕事をするような人間が選ばれることなど、まずないというわけである。

もちろん、**遅くまでがんばって仕事をすれば、「アイツ、がんばってるな」と一定の評価はしてもらえる。**

だが、一瞬は「がんばってる」と思われたとしても、実績が伴わなければ、高く評価されることなど当然ない。

20〜30代のころは、上司のやり方にしたがって、イヤでも長時間労働を強いられることも多い。明らかにムダな長時間労働につき合わされて、不満を抱えている人もゴマンといるだろう。

だが、今はその不満をぐっとこらえ、反面教師として学ぶことをすすめたい。**長時間労働の現状を冷静に見つめ分析することは、効率良く働くためのさまざまな知恵をきっと君に授けてくれる。**

そう考えれば、無意味に思える長時間労働も、「脱・長時間労働」を目指すための有意義なステップになるはずである。

時間節約のためにできることの一例

全部はムリでも、まずはできるところからトライしてみよう

仕事はなるべく発生したその場で片づける →	議事録はその日のうちにまとめる、出張レポートは帰りの便で書き上げる
締め切りを決めて追い込む →	期日を想定より、さらに1週間前に設定する
自分で自分のアポイントを入れる →	カレンダーのある一定の時間は、他人との予定を一切入れず自分の仕事に集中する
スキマ時間を有効活用する →	常に同時進行中の仕事の書類をクリアファイルに入れて持ち運び、電車の移動中などに目を通す
報告は基本、文書にまとめる →	口頭の報告は、相手と自分双方の時間を削ってしまう
ITは業務効率化のパートナーと考える →	メール、SNSなどを効果的に使えば、相手も自分も時間を効率化できるが、ただし、その文言の正確さ、簡潔さに注意
常に整理整頓を心がける →	きれいな机、整理された書類は、仕事のスピードアップに欠かせない「伴走者」だと考える
長時間労働を忌み嫌う →	夜遅くまで会社にいることを、基本的に「プロ意識」「バランス感覚」「羞恥心」の欠如ととらえる

仕事力のコツ 11

すぐにやる前に、一歩立ち止まって考えてみる

～何でもかんでも即断即行は、かえってムダを生む～

「すぐやる人」が成功する。最近では、そんな内容の本が人気を集めているという。

だが、**私に言わせれば、何でもかんでも「すぐやる」のは考えものだ。**

「すぐやる」前に、「本当にすぐやるべきか」を考えてみなければならない。


まだ若いうちは、「とにかくがむしゃらにやろう」「上司の指示に従ってきちんと仕事をこなそう」という感じで、いっぱいいっぱいではないかと思う。

要領良く仕事をこなすなんてとてもできないだろうし、むしろ、気合いが入りすぎて空回りしてしまったということも少なくないだろう。働き始めて数年のうちは、ムダなことをたくさんしてしまうのも、いたしかたないと言える。

しかし、**ムダなことをしてばかりだと疲れてしまう。疲れるばかりでは成長もできない。成長できなければ仕事がつらくなってしまう。**

そうならないよう、**「ムダはできるだけ省いて、仕事は最短コースでやる」よう心がけたい。そのために欠かせないのが、「すぐやるべきか」ではなく、「やる前に何をするべきか」を考えるということ**なのである。

たとえば、取引先に連絡しなければならないことがあったとする。

君はすぐさま電話をかけようとするだろうが、かける前に「伝えることは何か」「ほかに伝えることはなかっただろうか」と、ひと呼吸おいて考えてみる。

そうすれば、伝えるべきことをもれなく確実に伝えることができる。さらに、「これも伝えておいたほうが相手も喜ぶだろう」という、プラスアルファのことにも気づくことができるだろう。

1度連絡をしてしまったあとで、「いけない！　これも伝えるんだった！」とあわてて気づいて、急いで電話したけれど担当者はすでに不在。相手がつかまるまで連絡をとり続けなければならなかった……。こんな時間と労力のムダも省くことができる。

ささいなことかもしれないが、ちょっとしたひと手間が仕事のムダを省き、よけいなストレスを減らし、その分、自分の成長へと余力を回すことができるのである。

仕事力のコツ

12

締め切りから逆算して計画を立ててみよう

～よけいな残業を減らす「計画主義」のすすめ～

「すぐやるべきか」「やる前に何をすべきか」と考える習慣が身についたら、次は「計画的にやってみる」ということに挑戦してみよう。

慣れないうちは、どうしても無計画に、成り行きで仕事を始めてしまいがちだ。でも、成り行きでやれば必ず多くのムダが発生する。

「ムダなく、最短コースで仕事を進めるには、何をどんな順序でやればいいか」を考えながら、自分なりに計画を立ててみることが重要なのである。

計画を立てるにはまず、締め切りはいつなのかを考える。

上司からやっておくよう指示されたことについて、いつが締め切りなのかを確認し、「これはだいたい3時間くらいかかりそう」「これをやるにはまずはあれだな」など、仕事の進め方の見当をつけてみよう。

このとき、作業を進めるうえで疑問や不安があれば、積極的に上司や先輩に相談をしてみることが大事だ。

「このやり方がよくわからないので、方法を教えてもらえますか?」

「ひとりではできそうにないのですが、誰かの手を借りることはできますか?」

といったように具体的に相談すれば、「それなら、このフォーマットを使えば」とか「あの人に聞けば教えてくれるよ」など、何らかの役立つ方法を教えてくれる。ひとりで抱え込んでやるより、ずっとムダを省くことができるというわけだ。

このように、**計画はたったひとりで黙々と立てるのではなく、周囲に知恵を求め、効率化し得る可能性を探りながら立てることがポイント**になる。

計画ができたら、あとは締め切りに向けて、ていねいに作業を進める。こうすれば、成り行きまかせよりずっと質の高い仕事ができるはずだ。

締め切りを意識して、計画性をもって仕事に取り組めば、よけいな残業をせずに済む。残業ゼロはむずかしいだろうが、**締め切りを頭に入れて作業をすれば、「時間がなければ残業すればいい」という〝甘え〟に歯止めがかかる**にちがいない。

仕事力のコツ

13 仕事とは、いわば「予測のゲーム」だ

～仮説と修正を重ねると〝仕事の精度〟がグンと上がる～

計画を立てて進めようとしても、もちろん計画通りにいかないこともある。

上司に突然別の仕事を振られたり、1度指示された内容が唐突に変更されたりすることも、現場では決して少なくない。

「計画が狂うのは困るなあ」と思うかもしれないが、計画は状況に応じて、臨機応変に変えていくものと考えていたほうがいい。

仕事の計画は、立てることよりむしろ修正するほうが大事だとおぼえておこう。

このことは、仕事の計画だけでなく、人の印象についても同様である。

私は誰かと名刺交換をすると、いただいた名刺に会った日づけと一緒に「その人の印象」をメモすることにしている。

「話はうまいが、ちょっと表面的」「言葉数は少ないが、話し方は誠実」などといっ

た具合に、**相手についていったん「決めつける」**のである。

ただし、ずっと決めつけたまま、つき合い続けたりはしない。別の人からの印象を聞いたり、2度目にその人と会ったときにちがう印象を感じたら、最初の印象をすぐに修正する。そうすることによって、その人の実像が少しずつ明らかになるのだ。

計画を立てることもそうだが、誰かと会うときも、漫然と会っていては実像を把握することはできない。

いったん明確に仮説を立てて（＝決めつけ）、誤りや変更があれば修正し、次に生かす。これを重ねることによって、より精度の高い仕事ができるようになる。

仕事というのは、いわば「予測のゲーム」だ。

「こんなふうにすればいいはず」と予測を立て、当たらなかったらその理由を振り返って考えてみて、次の機会に生かしていく。それを重ねれば、だんだん予測が当たるようになる。

そのように日々の業務を進めていけば、おのずと「仕事の本当のおもしろさ」に気づけるはずだ。

仕事力のコツ

14

「なんでも全力」より「ときには手抜き」が大事

～忙しいときほど仕事の重要度をしっかりと見きわめる～

「何ごとも全力で取り組むのが大事」

両親や教師から、このように教えられて育ってきた人も少なくないだろう。

だが、仕事においては、これは必ずしも正しくはない。

場合によっては、早く仕上げるために「手抜き」が必要なこともある。

私たちはかぎられた時間のなかで、さまざまな仕事を処理しなければならないからだ。もちろん、上司から与えられた仕事は、ひとつひとつ全力でこなさなければいけない。時間がかぎられているからといって、自己判断で雑に手を抜くのは決して良いこととはいえない。

だが、何でもかんでもていねいに、時間をかけてやればいいというものでもない。

たとえば、**コピーしてわかりやすくまとめておけばいいような資料を、わざわざ自分の文章でレポートにまとめようとしたり、見栄え良く仕上げるために手間をかけた**

りすることなど、まったくの時間の浪費にすぎない。

この手の仕事は、上司から特別な指示でもないかぎり、できるだけ早くまとめるのが正解である。

相手がどのレベルのものを求めているかを確認したうえで、スピーディーにやる。そうすればムダが省かれ、時間を有効に使うことができる。

このように、**仕事では「重要なことと、そうでもないこと」を考えてみる、いわば「物事の軽重」を考えながら進めることが不可欠**なのである。

私もそれほど重要でない案件については、さらっと分析して上司に報告していた。そんな私を「手抜きの佐々木」と呼んだ上司もいた。

だが、まちがいの許されない重要な仕事については、絶対に手抜きはしない。どんなに忙しくとも、ていねいに目を通すよう注意している。

実際に、入社2年目のとき、手痛い経験をしたことがあるからである。

当時、生産管理の仕事にあたっていた私は、生産量1・8tとすべきところを、誤って18tとして工場に指示書を送ってしまったのだ。3カ月分を発注したつもりが、

なんと3年分も発注してしまったのである。

当時、私は上司から次々と仕事を振られ、多忙をきわめていた。だが、振り返ればそれらのほとんどは、さして重要でもない雑務ばかりだった。

つまり、物事の軽重を見定めなかったせいで、一番ていねいにやらなければならなかった仕事をなおざりにし、結果的に大きなミスをしでかしてしまったというわけである。

この手の失敗は、必ずしもミスをした当人だけの責任ではない。確認を怠った現場にも、キャパを超える仕事を振った上司にも、責任の一端はある。

だが、何と言い訳しようと、ミスはミス。自分自身のためにも、2度と起こさないよう、深く反省した次第だ。

次々に仕事を振られると、体力も気力も奪われる。やがて、そのあまりの忙しさに、「もう心が折れそう」と君は思うかもしれない。

でも、だからこそ**忙しいときほど、仕事の重要度を見きわめることが重要**になってくるのだ。

忙しさの悪循環はこう断ち切る！

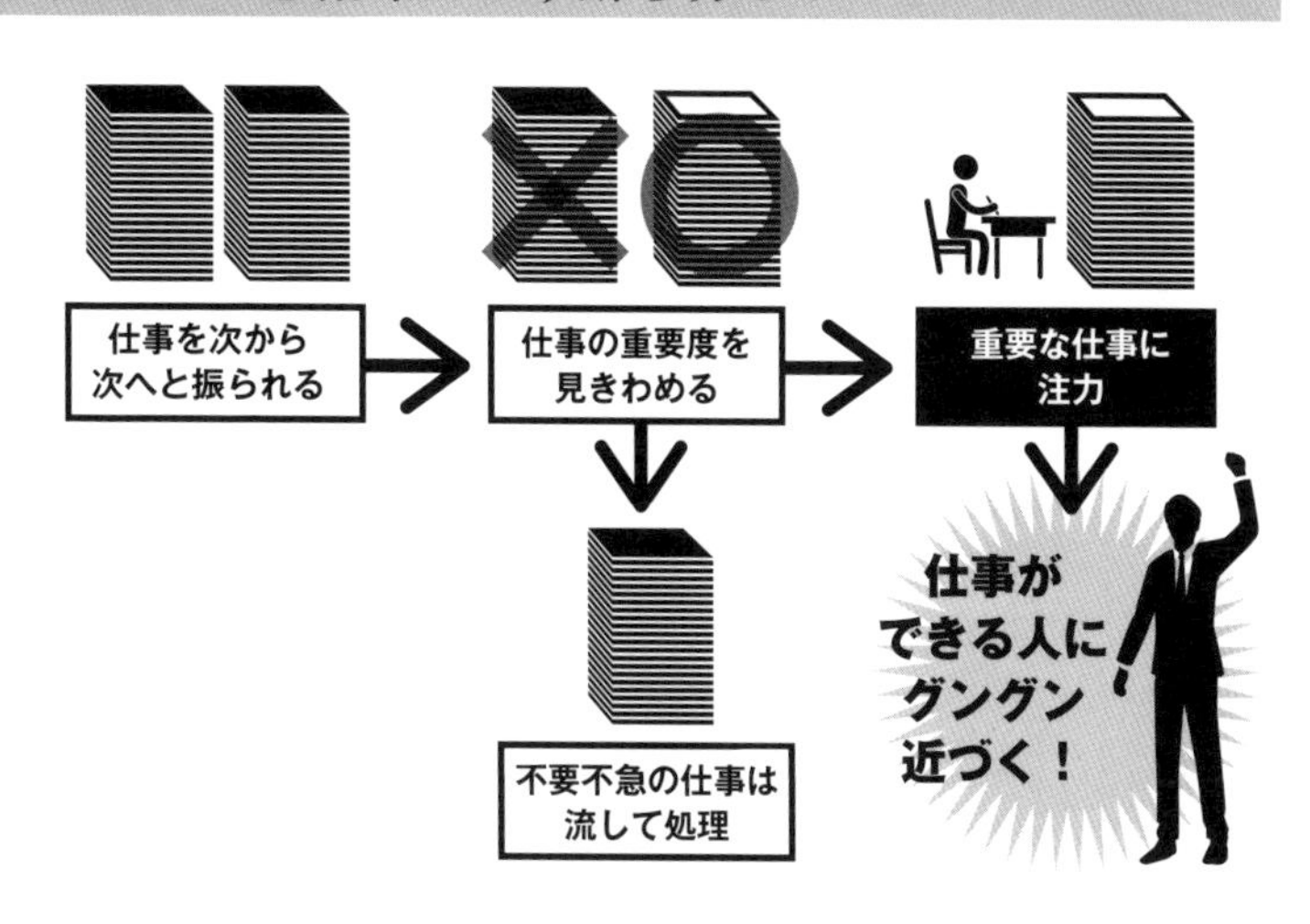

重要度の低い仕事は、できるだけ早く済ませるよう工夫する。あるいは、やらないでも済む方法を考える。

そしてその分、重要な仕事にエネルギーを注ぐ。

そのように、かぎられた時間やエネルギーを効率良く使えば、気力、体力の消耗を減らし、ミスを少なくできるはずだ。

「物事の軽重をまず考える」ということは、最小のエネルギーで最大の効果を引き出す、賢い仕事のやり方なのである。

仕事力のコツ

15 相手の時間も貴重だということを忘れない

～連絡、相談方法は状況に応じて効率的に使い分ける～

効率良く仕事をするには、自分の時間だけでなく、取引先など相手の時間をムダにしないよう考えることも大切である。**他人の貴重な時間を奪わないよう配慮することが、自分の時間を有効に使うことにつながる**からだ。

営業課に配属されたときのこと。

漁網やテグス（ナイロン製の釣り糸）を扱う水産資材課では、月に1度、2泊3日で地方出張に出かけていた。海辺の漁網屋のもとを訪れ、資材を売るためである。ところが出張レポートを見たら、たいしたことはしていない。2泊3日もかけて訪れたのに「なんだ、こんなことのために行っているのか」と思わざるを得ないようなことしかしていなかったのである。

そこで私は部下に、月に1度の出張をやめて、毎週決めた曜日に電話をかけるよう指示した。先方の都合の良い曜日と時間を教えてもらい、その時間に欠かさず電話をかけて、お互いの要望などを伝え合うというやり方に変えたのである。

すると、頻繁に連絡を取り合うようになったことでコミュニケーションが円滑になり、なおかつ出張のための時間も費用も削減することができた。さらには、営業マンの必要数も減ったので、その3割を他部署に回すこともできたのだ。

このようなやり方に変えたのは、こちらの都合だけでなく、相手の都合も考えてのことである。**顔を合わせて話をするのが大事な場合もあるが、それが逆に相手の時間を奪い、迷惑をかけていることも少なくはない。**

このことは、取引先だけでなく、先輩や上司にも言えることである。

たとえば、ちょっとした連絡ごとや相談がある場合、朝の9時半からミーティングが行われるなら、9時から9時半のあいだに話をする。ミーティング後は外出など別の用件が入っていると考えれば、早いうちに済ませてしまうほうが、相手によけいな負担をかけずに済むからである。

このように、効率良く仕事をするには、「相手の時間を奪わない」ことを考えるのも重要だと、頭にしっかりと叩き込んでおこう。

仕事力のコツ

16 何においても「一歩先の行動」を心がける

～10分早めの行動が10年続くと2000時間以上に積み上がる～

いい仕事をするには、何ごとも「一歩先の行動」をとることが重要だ。5分でも10分でもいい。予定より早めの行動を心がけてみよう。

まずは早起きをすること。早起きして深呼吸をする。ベランダに出てちょっと体操をしてみる。

効率良く仕事するには、朝の深呼吸や体操で心身をリラックスさせることが大切だ。**あたふたと1日を始めるのは、百害あって一利なし。ウォーミングアップをせず、いきなり長距離を走り出すようなもの**である。

また、早起きして満員電車を避ければ、ストレスも少なくて済む。空いている電車に乗れば、スケジュール確認もできるし資料に目を通すこともできる。このちょっとした時間が、1日の仕事の流れをスムーズにしてくれるのだ。

次に、**会議やミーティングでは、10分前に席に着くようにする**こと。

早めに席に着けば、事前に資料に目を通すことができる。気づいたことや考えたことを頭のなかで整理しておくこともできる。

また、早めに会議室に入れば、いい席に陣取ることもできる。

もちろん、席順などが決まっている場合は別だが、そうでないなら遠慮せず、**議論に加わりやすい位置に座ったほうがいい。そのほうが、発言も聞き取りやすいし、話の流れもつかみやすい**。

「自分なんてどうせ下っ端だ」「ロクな意見も言えないし」などと思わず、会議にはどんどんコミットすべきである。

10分前に席に着くのは、会議だけでなく、取引先やお客さまとの待ち合わせでも同様である。遅刻などもってのほか。何ごとも余裕をもって行動することが重要だ。

たとえば、電車を使うなら遅れることも考慮して、1、2本前の電車に乗る。途中で食事をするのなら、目的地に着いてからとるようにする。

約束の10分前に現場に着けば、落ち着いて打ち合わせに臨むことができる。時間ギリギリに到着して、ハンカチで額の汗をふきながら、「スミマセン」などと打ち合わせを始めるより、ずっと良い結果が得られることはまちがいない。

ちなみに、**社内のメンバーとランチを兼ねてミーティングをするようなときは、11時50分には会社を出るように設定する**といい。

12時になると、みんないっせいに食事をとろうと外出するため、エレベーターも混むし店も混む。待たされる時間が長くなれば、ムダな時間が発生する。わずか10分の差にすぎないが、この差が時間のロスをなくし、仕事のための有効時間をつくり出してくれるのだ。

もちろん、先輩や上司の都合に合わせなければならない場合は別だが、**自分が時間を仕切れる場合は、漫然と時間や場所を設定せず、先を見越した時間の使い方をすること**をすすめたい。

ゆったりと、余裕をもって食事ができれば、ミーティングそのものもスムーズになり、君の評価も高くなるはずである。

このような**一歩先の行動は、習慣にすることが不可欠**である。

「早起きは苦手」という人もいるかもしれないが、ただ単に朝早く起きることを目標にするのではなく、朝早く起きることで得られるメリットを常に想起すれば、習慣化できるようになる。苦手がらずに、ためしてみてはどうだろうか。

それに考えてもみてほしい。

自分の時間が1日1時間増えれば、10年間で2000〜3000時間も多く有効に使うことができる。これだけの時間が捻出できれば、より多くの成果を出すことが期待できる。しかも残業も減り、夜の時間もより有効に使えるようになるだろう。

朝の時間や昼の時間を少し工夫するだけでも、想像よりはるかに大きな効果が得られるのである。

仕事とは、こうした地道な習慣がものをいう。

優れたアイデアも発想も、生まれつきの才能ではなく、努力して身につけた習慣がもたらしてくれるものである。

「良い習慣は、才能を超える」ということを、肝に命じておこう。

仕事力のコツ

17 メモは「手書き」「時系列」「読み直し」がポイント

～成功と失敗の振り返りが、さらなる成長をもたらす～

君は仕事用のノートや手帳を持っているだろうか。

今はノートや手帳ではなく、スマホやパソコンで記録をとるという人も少なくないだろう。使い勝手が良いなら、スマホでもパソコンでもかまわないが、本当はできれば手書きで記録をとることをすすめたい。

なぜなら、**自分の手で書くと、内容をしっかりとおぼえることができる**からである。

私は20代のころ、管理部で生産計画を立てて工場に指示する仕事をしていた。20～30もある営業部の事務処理をこなしていたのだが、しばしば指示し忘れてしまうというミスを起こしていた。

そこで、ミスをなくすために、その場ですぐ記録するようにした。すると、同じミスをすることがほとんどなくなった。自分自身の手で記録をとると、内容や数字が頭に入りやすくなる。「書くと忘れない」ということに気づいたのである。

記録する際のポイントは3つある。

1つめは、何でも記録すること。

仕事の予定、内容、注意すること、気づいたこと、失敗したこととその原因、人物や会社の情報。それに、気に入った本や映画の一節、雑誌や新聞で得た情報など、**「これは」と思ったことは次々と書き留める。そのとき必要でなくても、後日役立つということが必ずある**からである。

2つめは、時系列で書くこと。

私の場合、最初は手帳ではなく、ノートに時系列で書くようにした。**人の記憶は時系列で刻まれるものであり、読み返すときに記憶を頼りに内容を探るということが多い**からである。

また、**ノートはいちいちテーマごとに分けず、1冊にまとめる**のが望ましい。会議メモの下に、取引先の売上数値などを書き、その下に印象に残った本のタイトルやフレーズを書く……といった具合である。

記録をとることも習慣化することが大事だ。そのためにはシンプルに、1冊にまとめて記録するのがベストなのである。

3つめは、書いたメモを必ず読み返すこと。**書いたものは、読み返して確認してこそ意味がある。読み返すことによって初めて、記憶として定着する**からである。

また、**書いたものを読み返すと、思いもよらなかった矛盾や発見に気づく**ことがある。それによって、誤りや思い込みを正すことができる。書いたものは、その日の夜や、翌朝の通勤電車のなかなどで読み返すようにしよう。

このようにしてとったノートは、たんなる覚え書きではなく、やがて君自身のかけがえのない成長の記録となるはずだ。

失敗の記録などを読み返すのはあまり気分のいいものとは言えないが、具体的な記述が示す事実は、君の成長過程を客観的に物語る。何となく**漫然と日々を送るより、記録して振り返るという習慣をつけたほうが、自分の仕事を確実にフォローアップできる**はずだ。

何でも書き込むのが佐々木流メモ術

12月1日(木)

工場へ電話で発注
同僚とともにランチミーティング
社内の情報共有についてコンセンサス
工場への誤発注発覚

その日の出来事

『そして誰もいなくなった』『散るぞ悲しき』『観光立国日本』

読んだり、ちょっと目を通したり、今度読みたい本など

起きて半畳寝て一畳、天下とっても二合半
大事は理をもって処し、小事は情をもって処す

気になった、初めて知った名言など

時間予算

自由に使えるのは
時間予算の3割

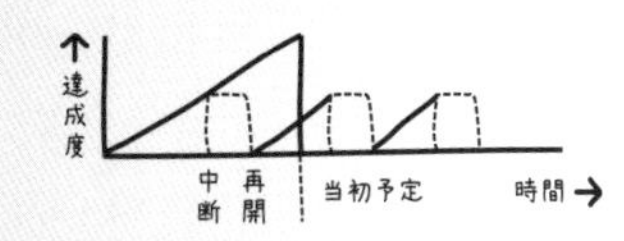

1年で達成するつもりの仕事のうち半分以上できた人は3割

その日に知った情報やデータなど。
ちなみに「時間予算」とは自分が使える時間のこと

12月2日(金)

朝、工場直行で担当者に謝罪

書いて、読み返すことが重要！

仕事力のコツ

18 数字は「3つだけ」暗記すればいい

～売上、利益、シェアなどのデータはすぐに出せるようにする～

仕事では、数字に強くなっておくことも大事である。

たとえば、打ち合わせの席で、売上や相場などの具体的な数字をパッと挙げることができれば、「お、データが出てくるなんて、こいつはできるな」と好印象を与えることができる。

「たかが数字を挙げたくらいで」と思われるかもしれないが、だからこそ、これができるのとできないのとでは、仕事の評価が大きく変わるのだ。数字には強くなっておいたほうが絶対にトクであることは、まちがいないのである。

「数字に強くなれ」と言うと、「数学」を思い浮かべる人もいるかもしれないが、**実際に必要なのはむしろ暗記力**だ。売上や利益の推移、マーケットサイズ、シェアなど、自分の仕事に必要な数字を、きちんと暗記してしまうのである。

「そういうことなら、暗記しなくてもネットで調べれば十分だろう」と思うかもしれないが、やはり必要な数字は暗記するようにしたほうがいい。なぜなら、**暗記しておくと、数字をもとに何らかのアイデアを考えられる。ビジネス上の疑問を解消するヒントにもなる。つまり、実際の仕事に即座に生かすことができる**というわけである。

では、忙しいなかで効率的に暗記するにはどうすれば良いか。

前に話した「手書きノート」を活用するのである。

会議や打ち合わせのテーマに応じて、必要と思われる数字をノートに書き出し、通勤電車のなかなどのちょっとしたスキマ時間に読み返す。書いて読み返せば頭に入る。頭に入れれば仕事で使える。使っていればおのずと身につく。

書くとおぼえ、おぼえると使え、使えば知識として身につくわけである。

ちなみに、**暗記する数字は、最初のうちは3つ**でいい。そんなにたくさんおぼえても、おそらく現場では使えない。そもそも人間がきちんとおぼえられるのは3つ。その3つを、まずはしっかりと頭に入れることが重要である。

そして3つに慣れてきたら、5つ、6つとおぼえる数字を増やせばいいのである。

仕事力のコツ

19 できる人の「モノマネ」が成長への近道となる

～普段の作業のこなし方で、仕事力の優劣が決まる～

電話やメールをする。書類をつくる。会議や打ち合わせをする。

たいがいの仕事は、こうした作業の積み重ねだ。特別でもなんでもない、**普段の業務をいかに上手にこなすかが、ビジネスマンとしての優劣を決める**のである。

しかし、上手にこなすと言われても、実際に何をどうすればいいのか、何をもって「上手」と言えるのか、よくわからないということも多いだろう。

そこですすめたいのが、**「できる人のマネ（イミテーション）をする」**こと。

「できる人」のやり方をマネることで、仕事ができる人を目指すのである。

職場の上司、先輩、取引先、お客さまなど、君の周囲には「できる人」が何人もいるはずだ。メールのやりとりや電話応対がうまい。資料のつくり方がうまい。プレゼンのやり方がうまい。会議での発言の仕方がうまいなどなど。

こういう優れた人を見つけ、その人の行動を観察するようにしてみよう。その人はいつも何時頃出社するか。人と話すときどんな話し方をしているか。資料づくりやプレゼンではどんな工夫をしているのか。まずは、しっかりと観察してみる。

2週間も観察すれば、その人なりの工夫や気配りから、優れている理由がつかめるだろう。そして、それがつかめたら、次は実際に、その人のやり方をマネてみよう。ただし、マネする際に忘れてはならないのが自分らしさだ。「これはいいな」と思ったとしても、自分には合わないと感じたら、試行錯誤して自分らしいアレンジを加える。**人マネをベースに、自分なりのやり方を編み出していくことが重要なのである。**

このように、**いい仕事をしようと思ったら、いい仕事をしている人のマネから入るのが仕事の基本**である。メールも電話も資料づくりも、何もかも自己流でやろうとする人も少なくないが、これははっきり言って時間のムダ。仕事の作業で求められる知恵などたかが知れている。さっさと良いお手本を見つけてマネするので十分だ。

これまでの著書などでも、たびたび述べてきたが、**「プアなイノベーションより、優れたイミテーション」を念頭に仕事をこなすのが、成長への近道**なのである。

仕事力のコツ

20 説得力は発言のくり返しでしか得られない

～若いうちは会議の空気なんて読まなくていい～

会議や打ち合わせで積極的に発言する。

それは君にとって、とてもハードルの高いことかもしれない。

「生意気だと思われるのではないか？」

「反対の意見を言ったらヒンシュクを買うのではないか？」

「『オマエの意見なんて誰も聞いてないよ』と言われるのではないか？」

そんな不安を感じるのもわかるが、発言はできるだけ積極的に試みてほしい。

どんな発言にせよ、まずは自分の意見を持っていて、それを積極的に発言しようとする心意気を、上の人間は買うものだからである。

緊張してしどろもどろになってしまった。主張があいまいになってしまった。失笑を買ってしまった……。そういう失敗もあるかもしれないが、**発言するという姿勢そのものはおおむね評価される**はずだ。

ただし、単なる自己アピールのために、思いつきで発言するのはいただけない。議論することについて、あらかじめ自分なりの意見を準備しておくことが不可欠だ。

では、どんな準備をすればいいいか。チェックポイントは以下の3つである。

①議題に対する自分の意見が論理的で説得力があるか
②人の気持ちに訴えられるか
③短く、わかりやすいか

とにかく、意見を述べる際、「ただ何となく」ではいけない。客観的な事実をもとに、「だからこう考える」と筋道を立てて発言するのが基本だ。そのためには、**意見が固まったら、それに対する反対意見を考えながら、自分の意見を修正する。これを何度かくり返せば、ある程度論理的で説得力のある意見ができ上がる**はずだ。

ただし、いくら論旨が明快でも、理屈っぽくておもしろみがないと、相手の奥深くまではなかなか突き刺さらない。そこで、**具体例や短いエピソードを交えると、引き**

寄せる力が生まれ、人はより聞く耳を持つようになるものである。

また、当然ながらダラダラ長く話せば、たとえいいことを言っていたとしても、誰にも理解してはもらえない。**意見はできるだけ短く、わかりやすく述べるのが必須**であると心得ておこう。

最初のうちは、おそらくなかなかうまく発言できないだろう。

言い出すタイミングがつかめなくて、せっかく準備してきた意見がムダになってしまうことも少なくはないと思う。だが、**2度、3度とくり返せば、必ず発言できるようになる。何ごとも上達するにはくり返すこと、反復連打が大切**である。

そのうちに「何としてでもこの意見を通したい」と、強い意思を持って会議に臨む日がくるだろう。そのときは、自分の意見を準備するだけでなく、あらかじめ賛同者を集めたり、会議の決定権を握るキーマンに打診しておくなど、いわゆる「根回し」が必要になってくることもある。

無論、これは徐々に学んでいけばいいことである。**若いうちは会議の空気など気にせず果敢に発言を試みる、これが大事**なことなのだ。

相手に伝わる議論のやり方

重要なのは以下の３つのポイント

論理性

私は、とりあえずこのプロジェクトにやりがいを感じていますし、インバウンドも伸び続けるでしょうから、成功に導けると思います。

日本人の英語能力はすぐには上がりません。ですから、この自動翻訳機事業を3年後の2019年ラグビーW杯東京大会までに黒字化、2020年の東京五輪をメドに事業部へと格上げできると考えます。

訴求力

今後は少子高齢化がますます進展すると予測されております。ですから、高齢者市場を新たに開拓する際に、この商品は役立つと思われます。

実は試作品を祖母に使ってもらったところ、その扱いやすさに感動していました。つまり、高齢化の今こそ、このような商品が社会に求められているのです。

簡潔性

今、社員にはガラケーが支給されており、これはこれでいいのですが、時代はスマホに移りつつあるのではと考えております。そこで社員全員に将来的にスマホを支給するというのはどうでしょうか。

私は来年度中に社員全員にスマホを支給すべきだと思います。理由は3つ、低価格化、通信環境の改善、そしてSNSによる社員間通信の多角化が図れるからです。

何度もくり返すことが自分の意見を通す一番の近道！

仕事力のコツ

21

お金の使い方次第で、仕事の質も変わる

～自腹と経費、ぞれぞれの意味をよく考えてみよう～

仕事を進めるうえで、しっかりと意識しなければならないのが、〝お金のリテラシー〟である。

無論、業務上必要な出費は、自腹を切る義務などない。打ち合わせで使った食事代などは、経費として精算するのが常識である。

だが、仕事では、経費として処理しにくい微妙な出費もある。

たとえば「もう1度現場に行って確認しておいたほうが、仕事がうまくいく」「予定外だが、打ち合わせしておいたほうがいい」と、自己判断した場合の交通費や食事代などである。

会社にもよるが、こういう場合の出費は、自腹を切らざるを得ないことも少なくない。仕事上どうしても必要であれば経費で落ちるだろうが、おそらく経理から「ダメ」と言われることのほうが多いだろう。

当然のことながら、会社の予算にもかぎりがある。「出してくれない会社はケチだ」と思うかもしれないが、社員の求めにすべて応じていたらキリがない。

自腹を切るのがいいのか、あるいは自腹など切らず、経費の範囲でやるべきなのか。非常に悩ましいところではある。

だが、**私は自腹を切るのも必要なときがある**と考えている。

「ここは自腹を切ってでも」と、強く確信した場合である。

「仕事力のコツ10」でも触れた、経営破綻した会社の再建に出向したときのこと。私は出向先の社員たちとしばしば飲みにいった。もちろん、単なる遊びではなく会社の実情を知り、情報を共有するためである。

当時、私は東レから派遣されたメンバーのなかで一番の若手だったが、会社を再建するには、彼らとできるだけ密接なコミュニケーションをとり、情報共有し合うことが不可欠だと考えた。

一方、出向先の社員たちは、ずさんな経営のしわ寄せを受けて、厳しい賃金カットを強いられていた。そんな彼らに飲み代を負担させるわけにはいかない。そう判断して、私は飲み会のたびに自腹を切ったのだ。**その出費は年間100万円**にも及んだ。

だが、当時の私の給料は月20万円程度。「さすがにキツイな」と思い、上司に相談すると「オマエ、バカか。そういう経費は会社に回せ」と言われた。

何のことはない。自腹を切らずとも、必要経費として計上してもかまわない出費だったのである。


当時の私はまだまだひよっこで、経理のこともよくわかっていなかった。切る必要のない自腹を切るなんて、バカげた話だと思うかもしれない。だが、自腹を切ったおかげで、私は貴重な経験を得ることができた。

自腹を切っていると知った経理担当者から、現場にそのことが自然と伝わった。

すると、

「佐々木さんは、自腹を切ってでも自分たちとコミュニケーションをとろうとしてくれた。それくらい自分たちのことを真剣に考えてくれている」

と思ってもらえるようになったのである。

彼らからの信頼を得たことで、私のもとにはほかのメンバーの耳には入らないような、貴重な内部情報が入るようになった。出向先の組織の事情が手にとるようにわかるようになり、必要な改革をスムーズに行うことができた。

手痛い自腹ではあったが、彼らから得た信頼が働く私の強みとなったのだ。孔子の言葉に「信なくば立たず」という名言があるが、人からの信頼を得ることは、仕事においてかくも重要であると、私は身をもって知った。

と同時に、**「何でもかんでも経費」と考えるのではなく、ときには自腹を切るほうが、出費した額よりも大きなリターンが得られる**ことも学ぶことができた。

この一件が結果として、ビジネスパーソンとしての自身の成長を大きく後押ししたのである。

もちろん、自腹を切らずに済めばそれにこしたことはないが、このようなお金の使い方が、お金では計れない価値を生み出すこともある。

だからこそ、**ただ漠然とお金、経費を使うのではなく、仕事におけるお金の持つ意味、使い方の是非というものも常に意識しておいたほうがいいのではないだろうか。**

この意識が、一段上のステージへ行くための重要な要素となってくるのである。

仕事力のコツ

22

仕事に対する「欲」なくして「志」などあり得ない

～「戦略」＋「情熱」が働く喜びを見出すカギとなる～

計画的かつ効率的に働くことをおぼえたら、次は「粘り強く働く」ことも意識してみよう。上からの指示をこなすだけでなく、自分自身の考えを明確に持ち、その考えを実現できるよう、トライしてみるのである。

新人から何年かたち、仕事に慣れてくると、上司の言うことに疑問を抱くようになるだろう。「もっとこうすればいいのに」という自分なりのアイデアが芽生えてくる。つまり、仕事に対して「欲」が出てくるわけだ。

だが、その欲がたやすくかなうことはまずない。

たとえ、結果として君の考えが正しかったとしても、上の人が聞く耳を持たない場合も少なくない。

そんな状況にやる気を失い、「どうせ、何を言っても聞いてもらえないしな」「上の言いなりになってりゃ、いいんだろう」と腐ってしまうこともあるかもしれない。

仕事で欲を持てば、こうした壁に必ずぶつかるものである。

だが、この壁は君にとって、大きな成長を促すチャンスでもある。

まずは、壁になっている欲を、いったん冷静に突きつめてみよう。

欲の実態が、ただの我だったり不満だったりすることも多い。もちろん、個人的な我や不満が組織で通るはずもない。

だが、欲が単なる我どころか、会社の利益や人々の幸せにつながるとなれば話はちがってくる。

そうした**君の欲は、ただの欲ではとどまらず多くの人に共感してもらえる「志」になる**はずである。

志になる欲であれば、必ずや理解、共感してくれる人があらわれる。力を貸してくれる人があらわれる。

そして、君のなかに思いを達成しようという情熱が湧き出てくる。

協力者を得て、強い情熱を持って行動に移せば、君の考えが認められる日が必ず訪れる。そこに至るには、時間もかかるし手間もかかる。**しんどいことかもしれないが、この粘り強さがあってこそ、仕事の本当のおもしろさがわかる**のである。

そもそも新人にかぎらず、中堅、ベテランのあいだでも、粘り強さに欠ける人は少なくない。

取引先からムリだと言われると、代案も出さず、あっさり引き下がってしまう。そんなことでは、いい仕事などとうていできるわけがない。

「それがダメなら、これではどうでしょう!」「そこを何とか!」と必死に食い下がり続けることで、不利な状況を突破できることも決して少なくはないのだ。

東レの後輩で、「トレビーノ」という浄水器の営業、販売を担当している女性がいる。今でこそ多くの家庭に浄水器が備わっているが、当時は「日本の水はタダで、しかも安全、清潔」というのが当たり前。そんな風潮のなか、当初売れ行き不調だったこの商品を、彼女はみずから街頭に立って必死に売り歩いた。

さらには、大量発注をもらったものの、人手不足で納期に間に合わないとなると、工場の人たちに「何とか間に合わせてほしい」と頭を下げて頼み、自分自身もラインに入って手伝ったこともある。

これを見た工場長は必死にパートを集めて、販売に間に合うよう全力を尽くしてくれた。彼女の熱意が、人の心を動かしたのである。

その後、トレビーノは東レを代表する主力商品となったが、それを後押ししたのが彼女の粘りにあったことは言うまでもない。**「会社のため、そして消費者のため、何とかしてトレビーノを売りたい」という欲や情熱が、やがて志に変わり、大ヒット商品を生み出すというミラクルを起こした**のである。

仕事では戦略的に動くことが重要だ。

しかし戦略だけあっても、そこに情熱が伴わなければ周りも巻き込めないし、自分自身、働くことに喜びを見出だすことはできない。喜びがなければ、働く意欲は湧き出てこない。

働く意欲を常に高く維持するためには、自分のなかにある欲を見出し、その欲を磨いて志に育て上げることが不可欠なのである。

仕事力のコツ

23 失敗の積み重ねが「識見」へとつながる

～全力でのミスに対して本気で怒る人などいない～

仕事でぶつかる壁は、「欲」以外にもうひとつある。

それは〝大きな失敗〟である。

上司からちょっとしたミスを叱られる程度の話ではない。自分の会社や取引先に迷惑をかけて怒鳴られるような、大きな失敗のことである。


こういう失敗をすると、誰しも落ち込む。

自分を責めたり、誰か責めたくなったりする。

自分には向いていないのではないかと、悩むこともあるだろう。

もう会社を辞めたいと思うこともあるだろう。

だが、ここで簡単にくじけてはいけない。

失敗の裏には、必ず〝挽回〟というチャンスが潜んでいるからである。

失敗は、やらかしたままではマイナスだが、挽回すればむしろプラスに転じる。気持ちを切り替えて努力する姿勢は、人の目には好ましく映る。努力によってマイナスを少しでも上回れば、前より好印象を持ってもらえる。

さらには、「やればできるんだ」と自分に自信を持つこともできる。

こうして**失敗をきっかけに、自分の評価を上げることも可能**なのである。

そもそも、仕事では失敗がつきものである。失敗をしない人間など、この世にはまずいない。どんなベテランも、20代のころは必ずミスをやらかす。ショックと悔しさで寝込むほど怒鳴られたという人も数多くいる。

だが、そこまで**怒られるというのは、むしろ幸運**であると考えたほうがいい。

なぜなら、なかなか気づけない自分の弱みに気づくことができるからだ。気づきを生かして弱みを克服することもできる。怒ることで、そんな大切な気づきを促してくれた相手に、むしろ感謝すべきとさえ言える。

何しろ、**怒るということは多大なエネルギーを消耗する行為**だ。後味も悪い。つまり、怒ることは、当人にとっては苦痛以外のなにものでもないのだ。

怒られると、相手を怖がったり恨んだりしてしまいがちだが、実は「相手は苦痛を感じてまで自分を高めてくれた」というように、むしろ怒ってくれた人をいっそう大切に思うのが正解なのである。

このように、失敗とは決して悪いことではない。もちろん、反省せず同じミスをくり返すのはアウトだが、むずかしい仕事を必死にやろうとしてしでかす失敗は、恐れずにどんどん体験すべきである。

失敗を体験し、それに対する反省を重ねることが「経験」をつくり、経験の蓄積が歳月を経てかけがえのない「識見」となっていくからである。

識見とは、物事に対して正しい判断を下す力のことをいう。

識見がやがて身につけば、どんなむずかしい仕事に直面しても、解決し乗り切っていくことができる。悔いなく全力で、仕事に向き合うことができる。働くことの幸せを実感できるようになる。

そんな幸せを連れてきてくれるものこそ、「失敗の体験」なのである。

体験を経験に、さらに識見にする思考法が大事

大失敗＝工場への誤発注発覚！
たとえここで心が折れても、
決してくじけてはいけないが……

自分だけが怒られる
ことに納得が
いかない……。

ミスに気づかない、
上司や工場側も
悪いんじゃないの？

納得いかない
部分もあるが、
自分のミスはミスと
各方面に誠心誠意
謝罪する

ミスは他人事として忘れ、
蒸し返されないよう
一切触れないことに
しよう

ミスの原因、
自分がすべきだった
ことをきちんと
ふり返り、
今後の対応策を
しっかりと反省する

ミス防止策、
対応力が大幅に
アップし、
当初のミスを挽回！

**初動の違いが、
ふたりの運命を大きく変えることに！**

第2章

自分を伸ばす働き方の知恵のポイント

- □ 長時間労働に慣れっこになるのは絶対に避ける
- □ 「すぐやる」より「やる前にちょっと考える」ほうがはるかに重要
- □ 締め切りから逆算して計画を立てると、残業時間がおのずと減る
- □ 仕事の計画は、立てることよりむしろ修正するほうが大事
- □ 仕事は仮説と検証をくり返す「予測のゲーム」と心得る
- □ 「全力」と「ときには手抜き」のバランスを図る
- □ 何でも「10分早め行動」の効力をきちんと認識する
- □ 「書く」と「読み直す」はセットになって初めて絶大な力を発揮する
- □ 大事なのは「数学」ではなく「数字」に強くなること
- □ 最初に覚えるのは「3つの数字」だけでいい
- □ 仕事のできる人のモノマネが成長への近道
- □ 経費よりときには自腹のほうが、より大きなリターンが得られる
- □ 「欲」を磨いて「志」に育てると、働くモチベーションが常に高く維持される
- □ 成功より失敗のほうが成長のチャンス

第3章

～Wisdom for having a good relationship with your boss～

上司とつき合う知恵

仕事力のコツ
24 上司もひとりの人間と考えるところから始める
～いくら嫌いでも決定的な衝突は絶対に避けよう～

働く君をもっとも悩ませるのは、上司との関係ではないだろうか。

上司とソリが合わなければ、仕事がどれほど楽しくても、働くのがイヤになってしまうものだ。「あの上司さえ、いなくなってくれればラクなのに」と思うくらい、上司を嫌っている人も決して少なくはないだろう。

だが、**いくら嫌いでも、絶対に上司と決定的にぶつかってはいけない。**

上司とぶつかることは、君の成長のチャンスを奪い、職場でのストレスを増大させる以外の何ものでもないからである。

上司は、君の仕事の仕方や働き方を決める権限を持っている。君が成長するチャンスを握っている人物でもある。

その事実は、相手がいかなるタイプの上司であったとしても、決して変えることはできない。

要するに、「こんなヤツ！」と思ってしまう上司だとしても、上司とはうまくやっていくよう努力する必要があるのだ。

では、上司とうまくやっていくには、どうすればいいのか。

その第一歩は、**まず上司を「自分と同じ人間である」と考えてみる**ことである。

上司との関係で悩む場合、たいていは自分と上司とを「縦」の関係でとらえている。「命令される→従う」という上下関係の枠組みのなかで、相手を判断していることが多いのだ。

だが、その枠組みをとっ払い、対人間目線で見てみると、相手がなぜそういう言動をとるのか、その胸の内が理解できるようになる。

上司もひとりの人間
↓
人間は弱い
↓

必死に自分を守ろうとする

←

上に立つ不安から自分を守りたくて、つい下の者をぞんざいに扱ってしまう

←

人間ならそういうことがあってもいたしかたない

君が上司に対して「こうあってほしい」と願うのと同じように、上司もまた部下や周囲に「こうあってほしい」と願う、不安だらけのか弱い人間である……。

そのように考えてみると、憎らしい上司とも何とか折り合いをつけてやっていこうという気持ちが、(最初は、わずかながらかもしれないけれど) 芽生えてくるのではないだろうか。

世界的なベストセラー『7つの習慣』のなかで、著者のスティーブン・コヴィーは**「信頼関係を築くには互いを理解することが必要であり、そのためには、自分のことを理解してもらう前に、相手のことを理解しようとする習慣が必要である」**と説いて

上司もひとりの人間だととらえよう！

これまでの上司・部下関係

上司とぶつかる
上司が嫌いになる

＝

成長チャンスの喪失
職場でのストレス増加

これからの上司・部下関係

上司もひとりの人間だと考える
上司を理解するよう努める

＝

上司の信頼ゲット!
仕事の楽しさアップ!

いる。

　楽しく仕事するには、上司からの信頼を得なければならない。そのためには、自分の考えを述べる前に、まず上司の言い分を聞く。

　上下関係ではなく、人として対等に相手と向き合い、理解する努力が不可欠であるというわけである。

　このように、**上司との関係は好き嫌いの感情でなく、〝1対1の人間同士〟という視点から築き上げていくもの**だということをおぼえておこう。

仕事力のコツ

25 どんな上司も慕われるのを待っている

～上司に対してこそ、「ほめて育てる意識」を持とう～

上司という生き物は、自分を慕う者、好感を持って近づいてくる人間を心底好む。「そんなの当たり前だ」と思うかもしれないが、これを理解して実際の行動に移せば、上司との関係は必ず良好になる。そのくらい、**上司の立場にある人間は、部下に慕われるのを待っている**ものなのである。

ためしに、上司に対して、こんな言葉をささやいてみるといい。

「佐々木課長のあの提案、すごいです。さすがです」

「佐々木課長にくらべれば、自分はまだまだだなあ」

部下にこう言われて、気を悪くする上司などまずいない。「自分をリスペクトするなんて、こいつは見どころがある」とむしろ気を良くするはずである。

「昨日まで慕ってもいなかった人間が、いきなりそんなことを言うなんてわざとらしい。気持ち悪がられるのではないか」

そう思う人もいるかもしれないが、そんな心配は無用である。

人間というものは「自分を30％のインフレで見て（＝良く思う）、他人を30％のデフレで見る（＝悪く思う）」。つまり、自分のことは実際より3割増しで良く考えているため、突然慕われたとしても、「さすがオレ」くらいにしか感じないのである。

「直接言うのはテレがある。さすがにできない」という場合は、飲みの席などで別の人に言ってみるといい。君が上司のことを良く言えば、「佐々木さんのことを、こんなふうに言ってましたよ」とめぐりめぐって必ず上司に伝わる。それを聞いて、喜ばない上司はまずいない。

この**〝間接話法〟はある意味、本人に直接言うより効果がある**。たとえば君が「誰それさんが、君のことをほめてたよ」と言われたら、ほめていた人とさして親しくなかったとしても、3割増しでその人に好感を抱くのではないだろうか。

このように、上司もいいところを見つけて、ほめてあげることが大切である。

よく**「子どもや部下はほめて育てる」などというが、上司に対してこそ、この「ほめて育てる意識」が不可欠**なのである。

仕事力のコツ

26 「定期的で手短な相談」を常に欠かさない

～上司は「おうかがい」を立てられるのが〝大好物〟～

「おうかがい」を立てられることも上司の〝大好物〟である。

自分のもとにみずから出向き、「こういうことをやろうと考えています。つきましては、課長のご意見はいかがでしょうか？」と積極的にコミュニケーションをとろうとする部下を、高く評価するのである。

ただし、**自分の都合でコミュニケーションをとるのは禁物だ。あくまで相手の事情をうかがいながら、タイミングを見計らうことが重要**である。

たとえば、私は課長だったとき、常に部長のスケジュールを確認して、もっとも余裕のある日時を選んでアポイントを入れていた。

目安としては、2週間に1度、1回につき30分程度。何度かコミュニケーションを重ねるうちに、時間は30分から20分、20分から15分と短くなり、最後はほぼツーカーで聞いてもらえるようになった。

このように、**アポイントは「定期的に、そして手短に報告し・相談する」ことがポイントである。**多くの時間をとらせない、定期的な報告や相談が、上司の信頼を得ることにつながるのである。

ちなみに、上司に報告や相談をするときは、A4のペラ1枚に用件を書き、文書のかたちで差し出すようにしよう。[報告事案3件1…2…3…][ご相談3件1…2…3…]などと簡潔な箇条書きにし、できるだけ短時間で済ませる工夫をするのだ。

そもそも、上司は忙しいものである。おうかがいを立ててほしいとはいえ、わかりにくい報告を延々聞かされてはたまらない。長時間居座って嫌われたりしないよう注意することも必要だ。

また、上司にすれば、複数いる部下に対していちいち「おい、あの件はどうなった」と聞くのは骨が折れる。自分から確認しなくても、部下のほうから適切なかたちで報告があれば、労力が減って楽になる。

「楽ができるし、自分を立ててくれるし」となれば、上司はますます気を良くし、君への信頼を高める。さらに「仕事で結果を出してくれる」というおまけまでつけば、部下がかわいくてしかたなくなるというわけである。

このような**「定期的な報告や相談」**を心がけると、**上司との関係が良好になるどころか、苦手な上司から思った以上に好かれることさえある。**

私はかつて、神経質で嫉妬深く、どんな細かいことでも報告させなければ気が済まないという、ひじょうに面倒くさい人物の下についたことがある。「こんなことまで指摘するのか」とウンザリだったが、私は彼の機嫌を損ねないよう、彼の部下であったあいだは、そのやり方に辛抱強く従った。

その結果、彼は私を高く評価し、私の昇進に大きな影響を及ぼした。残念ながら私は彼をとても好きにはなれなかったが、そんな私の気持ちとはうらはらに、彼は私のことをいたく気に入ってくれたのである。

君のそばにも「面倒くさい上司」がいるかもしれないが、その人が自分の成長、そして組織内でのランクアップをグンと後押ししてくれることもある。

だからこそ、**「上司へのおうかがい」**を、**あなどってはいけない**のだ。

上司への報告も戦略的に行う！

上司のスケジュールを把握

佐々木課長は、新規プロジェクトの対外交渉を任されているので、なかなか社内でつかまらない……

社内にいる可能性が高い、隔週で行われる水曜日の定例ミーティングの開始前30分を狙う！

常に用件は箇条書きで整理

新商品プロジェクトに関する進捗状況報告

マーケティング調査の結果

①都心部での関心度に対し、地方都市での関心度が著しくかい離

→地方での宣伝戦略で実績のあるマーケティング部の鈴木課長に今週末、相談

②価格帯の希望でもっとも多かったのは1000～1500円台

③色について現状想定している黒白２色展開より、多色展開の希望が圧倒的

→工場のライン責任者と来週明けにミーティング

こうした文書を見せた後に、個別に口頭で質問、相談するのが効果的

簡潔、かつ定期的な相談が、上司の信頼を勝ち取る最短ルート！

仕事力のコツ

27 「黙々と」こなしているだけでは評価されない

～職場での「以心伝心」はないものと考える～

仕事では上司のやり方に従うのが原則だが、かといって、何でもかんでも上司の言いなりになればいいわけではない。

主体的な考えを封じて、ただ黙々と仕事をこなせばいいというわけでもない。

「黙って真面目に仕事をすれば、いつか認めてもらえる」と考える人もいるかもしれないが、何も言わなければ、いくら真面目に仕事をしても、上司には伝わらない。むしろ**「黙々と」が災いして、マイナス評価を下されることもある。**

たとえば、上司に「これ、頼む」と何らかの仕事を振られたとする。

ほめてもらおうとはりきって、半日もかけて黙々と作業したとする。ところが上司からは「いつまでかかっているんだ！　こんなの1時間もあればできるだろう！」と怒鳴られ、「仕事のできないヤツ」と言われてしまった……。

こういう場合、「1時間程度で仕上げろ」と指示しなかった上司も上司だが、確認をしなかった部下も悪い。「それならそうと最初に指示してよ……」と思うのもわかるが、こういう**アバウトな指示を出す上司には、具体的な指示を求めるよう、部下から積極的に働きかける必要がある**のだ。

日本には「あうんの呼吸」や「以心伝心」などという文化があるため、ついついコミュニケーションを省きがちになる傾向がある。だが、仕事では「あうんの呼吸」も「以心伝心」も通用しない。**多少うるさがられても、仕事では正確を期すために、細やかなコミュニケーションをとるよう心がけよう**。

こうしたコミュニケーションを重ねれば、仕事のミスもおのずと減る。上司からの信頼を得ることもできる。信頼が得られれば、評価も上がるし、ますます仕事もしやすくなる。

よけいなおしゃべりをペラペラとする必要はないが、黙っているのはもっと良くない。与えられた仕事に対しては、受け身ではなく常に「いつまでに、どう仕上げればいいのか」を考え、主体的に取り組むことが必須なのである。

仕事力のコツ

28

3つの「部下力」を身につけよう

~どんな上司にも通じる確認、対応、報告のワザ~

上司から仕事を振られた際、仕事をこなすうえで、注意すべき3つのポイントがある。私はこれを「部下力」と呼んでいる。

この3つの部下力を身につければ、どんな上司が来ても、きっちり対応できるようになるはずだ。

まず1つめは、**「上司の注文を聞く」**こと。

たとえば具体的に指示された仕事について、

①その仕事がどの程度重要なのか

②締め切りはいつか

③どの程度の品質で仕上げればいいのか

を確認する。あるいは必要に応じて、自分が何を期待されているのか、分担すべき役割を確認してもいいかもしれない。

こうした上司からの注文をきちんと踏まえてから作業を行えば、ミスをして叱られるということも、おのずと少なくなるだろう。さらには上司の満足度も、君に対する評価も高まるというわけだ。

2つめは、**「上司の性格をつかむ」**こと。

文書で報告してほしい上司もいれば、口頭で報告されることを好む上司もいる。日々情報がほしい上司もいれば、一定期間ごとにまとめて報告してほしい上司もいる。だからこそ、それぞれの上司の性格を把握し、それに合わせて対応すれば、手間も誤解も少なくて済む。

「ちょっと大ざっぱだな」と思う上司に対しては細やかに対応すれば、「痒(かゆ)いところに手が届く」部下として、評価も高まるにちがいない。

3つめは、**「上司を驚かせない」**こと。

たとえば、仕事のうえで何か問題が起きそうな兆候があれば、必ず事前に知らせる。問題が起こる前なら、何らかの手を打つこともできなくはない。だが、問題が起きてしまうと、上司は仕事をストップして解決に動かなければならなくなるかもしれない。そうなれば、君に対する信頼はガタ落ちとなる危険性が生じる。

自分のミスにつながりそうなことを上司に伝えるのはイヤなものだが、**問題が起きる前に知らせれば、「危機管理力がある」と評価されることもある**。突然の不意打ちを食らわせるよりは、ずっとマシなのだ。

気が合わない上司でも、この3つの部下力で対応すれば、上司はおそらく君に対する態度を変える。信頼は深まり、君を高く評価するにちがいない。

なぜなら、3つの部下力を実践することは、いずれも上司を意識し、彼の望むやり方にそってコミュニケーションをとりながら、仕事をこなすことにほかならないからである。

働く君の心強い味方として、この部下力を大いに役立てよう。

どんな上司にも通じる3つの「部下力」

部下力１　上司の注文を聞く

仕事の重要性 →	社内的にその作業がどのような位置づけなのかを知れば、どこまで力を入れればいいのかもおのずとわかる
締め切り →	逆算して効率良く作業を進めることができる
仕事の品質 →	完成形なのかラフなのか、それを確認するだけで、時間の使い方が変わってくる

部下力１の効果　**ミスが減るとともに、上司の期待以上の成果も生み出せる！**

部下力２　上司の性格をつかむ

大ざっぱな性格 →	上司の目が行き届かない細部を中心に確認、チェックする
細かい性格 →	逆に大局的な視点も提供してみる

部下力２の効果　**上司の足りないところをさりげなくカバーできる！**

部下力３　上司を驚かせない

急な相談、報告は避ける →	大ごとであればあるほど、あらかじめ報告のアポイントをとっておく
問題の兆候が見えた時点で報告 →	問題が起きてからでは、上司は自分の時間もとられてしまい、信頼もガタ落ちに

部下力３の効果　**未然の報告が危機管理能力の評価につながることも！**

「部下力」でイヤな上司も味方に！

仕事力のコツ

29 ときには思いきって反発してみる
～組織の許容範囲を、身をもって知るのも大切～

上司に認めてもらうには、自分の考えを持ち、それをきちんと伝えることが重要である。反抗的なヤツだと嫌われてはいけないが、肝心かなめのところでは、みずからの主張をキッパリと伝えなくてはならない。

たとえば、**組織の体制や上司のやり方について、「これはヘンだな」と感じたことがあれば、ガマンしたり隠したりせず、「なぜですか?」と、あくまでケンカ腰ではなく素直に疑問を投げかけるのも決して悪いことではない。**

私は入社2年目で結婚し、新婚旅行も兼ねてヨーロッパで挙式した。当時はまだお金もなかったから、旅費が一番安い2月に行こうと考えたが、会社から「2月は年度末で忙しいからダメ。ゴールデンウィークの5月にしなさい」と言われたのだ。

しぶしぶ言うことを聞き、5月に向こうで式を挙げたが、実は当時の東レの場合、所属する部の部長を仲人に迎えて挙式するのが慣習だった。それを破って海外で式を挙げたので、課長から「君、部長にちゃんと説明しろよ」と注意されたのだ。「あ、そういうもんですか」と思うと同時に、正直「会社って面倒くさい」とも感じた。

また、秋田に住む母が再婚することになったとき、私は3日間の休暇を申請した。「自分の子どもの結婚式では3日間休める」という社内規定があったので、子ども同様、一親等である親の結婚式でも休めるはずだと考えたのである。

ところが、これも認められない。なぜ認められないのかと上に聞くと、「そんな規定はないし、何を考えているんだ、君は」と一蹴された。それでも母の結婚式という大事なイベントゆえ、何とか食い下がって2日間だけ休みをもらうことができたが、上司からはいろいろ言われ、社内では「ヘンな男だ」とウワサになってしまった。

当時の私はまだ若く、出世がどうの、昇進がどうのと考えたこともなかった。恐れ知らずの身だったからこそ、こんな反発ができたのかもしれない。だが、**仕事のうえで「これはおかしい」「とてもムリだ」と思うことは、遠慮せず上に訴えたほうが良い。**

私のように「ヘンなヤツ」扱いされるかもしれないが、**論理的に主張すれば組織、上司の許容範囲もわかるし、ひいては、それが働きやすさにつながる**からである。

仕事力のコツ

30

上司に怒られたら「5秒の間」を置こう

～気持ちに余裕を持ち、冷静にミスの原因を振り返る～

部下が何かミスをしでかすと、ガーンと怒鳴りつける上司がいる。

「バカやろう、何考えてんだ！」

だの、

「こんなこともできないなんて、頭が悪いなぁ！」

だの、キツい言葉でガンガンののしられる。それがつらくて、心が折れそうだという人もたくさんいるだろう。

口の悪い上司にひどいことを言われれば、人間誰でも激しく落ち込む。悲しいやら悔しいやらで、「まったくパワハラじゃないか」と、上司を悪者にしたくなる気持ちもわからないではない。

だが、ミスが理由で怒鳴られているのなら、上司を責める前に、まず自分自身を省みてみよう。

「自分のせいだけじゃない」というケースもあるかもしれないが、怒られる場合というのは、やはり自分に何らかの落ち度があるものだ。

怒鳴られると、怒鳴られたことにばかり気をとられがちになるが、それよりも大事なのは、怒られた理由を振り返って、同じようなことを起こさないよう、検証することなのである。

私も20代の頃は、失敗ばかりしていた。「やる前に考えてから動け」と君に言ったが、若い頃の私はむしろ逆だった。よく考えもせずに行動して、〝当たって砕けて〟ばかりいたのだ。

たとえば新人時代、最初に与えられた仕事は計算する作業が多かった。だが、ミスがないか確認するのを怠っていたため、結果としてまちがえた数値ばかりを報告していた。当然、先輩からはこっぴどく叱られる。

「バカもの！　計算したものはもう1度確認するのが常識だ！」

会議で使う資料の作成でも、同じように怒鳴られた。

「会議の資料は人に読んでもらうためのものだ！　自己流のヘンなやり方でつくるん

じゃない！」

このほかにも、「準備が足りない」「会議の進行が悪い」といちいち叱られた。

もちろん叱られるたび頭に来て、「このヤロー！」と腹が立ったりもした。

だが、いちいち叱られたおかげで、私は自分のミスに気づき、仕事を早くおぼえることができたのも、また事実だ。

結果、早く仕事をおぼえたおかげで、仕事がどんどん楽しくなった。**私が同期のなかでもっとも早く出世することができたのも、愚直に仕事をし続けたからである、とともにきびしく叱ってくれた先輩がいたから**である。

ミスをしてもたいして叱らない人もいるが、そういう上司は「怒るのは面倒くさい」「部下のためにエネルギーを使うのはムダ」と思っているかもしれない（もちろん、根っから優しい上司というのも存在するが……）。そう考えると、前にも述べたように、ミスを叱ってくれる上司はありがたい存在とさえ言えるのである。

ただ、そうはいっても、怖い顔をして怒る上司を前にして、すぐさま「ありがたい」と思うのはむずかしい。ビクビクしている気持ちをいきなり切り替えるのは、どうしたってムリがある。

そこですすめたいのが、**怒鳴られたとき、5秒程度待つ**ということ。

叱られて「ウッ……」となった瞬間、ちょっと抑えて、5、6秒の間を置くことを心がけてみるのである。

ほんのわずかの時間だが、こういう間を置くと、自分の気持ちに余裕を与えることができる。そして、それが「なぜ怒鳴られたのか」「どこが悪かったのか」を考えてみるための糸口になる。

「たった5秒で何ができる」と思うかもしれないが、その一瞬の間を置くことで、怒られた状況を冷静に見ることができるのだ。

場合によっては「たしか今朝、夫婦ゲンカしたって言ってたな。ということは、怒鳴られたのは、その単なるとばっちりだったのか」なんてこともなくはない。そういうときは、「上司も人間だからなあ」と流せばいい。

大事なのは、怒鳴られてクヨクヨすることではなく、冷静に振り返って叱られた原因を知り、同じミスを2度とくり返さないようにすることなのである。

仕事力のコツ

31 「2段上の上司」にもアプローチしてみる

～直属の上司へのアピールにもなる〝秘策〟～

組織では直属の上司だけでなく、そのまた上の上司、つまり「2段上の上司」とのつき合いを意識するのも大切である。

2段上の上司は、直属の上司より力量も上である場合が多い。つながりをつくっておいて決してソンはない。チャンスがあれば、積極的なアプローチを試みることを是非おすすめしたい。

普段接することのない上司に近づくのは、ハードルが高いと思うかもしれない。だが、「仕事力のコツ25」で触れたように、彼らは下からのアプローチをとても喜ぶ。「教えて下さい」「話を聞かせて下さい」などと慕われるのが素直にうれしいのだ。

ただし、近づくときはいくつか注意するポイントがある。

1つめは、きちんとあいさつをすること。2つめは、「あなたから学びたい」という敬意を持って接すること。そして3つめは、手短に話を済ませるようにすること。

これらを守って接すれば、相手は必ず君のことをおぼえてくれるはずである。

話しかけるタイミングは、エレベーターのなかなどが最適だ。

そばに近づいたら「お疲れさまです」などと言って所属や名前を名乗り、「この前の会議でのスピーチ、すばらしかったです」など、相手が喜びそうなワンフレーズをそっとささやく。これだけでも、十分相手の印象に残るはずである。

こういう試みを地道にくり返せば、そのうちに具体的な相談のための時間をとってくれるようになる。だが、このときも手短に済ますことを忘れてはいけない。**「座りなさい」とすすめられても座ってはいけない。立ったまま「3分で終わります」と伝えて、相談したいことを端的に、結論まっしぐらで話す。上の人と話すときは、相手の時間を奪わないことが鉄則**であるのは、何度も説明してきた通りだ。

ちなみに、2段上の上司と話したということは、直属の上司にもきちんと報告しておくよう心がけたほうがいい。「自分を差し置いて」と気を悪くさせないためでもあると同時に、**「自分は2段上の上司にも信頼されている」とさりげなく知らせることは、上司に自分をアピールする効果的な方法のひとつ**になるからである。

仕事力のコツ

32 「良い上司とは？」ということも考えてみよう

～お手本と反面教師、それぞれから学べるものがある～

「上司を理解する努力をしよう」

「上司のやり方に逆らうべきではない」

などと述べてきたが、だからといって、上司のやり方をすべて手本にしたり踏襲したりする必要はない。

良くないと感じた部分については、反面教師としてとらえ、自分が上司になったら改めるべきだ。 **上司のやり方に従うのは、あくまで君が下についているときの話限定**なのである。

たとえば、私がついていた課長は、とにかく当たり前のように部下に時間外労働を強いた。

その日の夕方6時になって突然会議をやると言い出す。

金曜になると「土曜も出てこい」と言い出す。

「予定があって出られない」と言っても、一切聞く耳を持たない。

つまりは、「男は何よりもまず仕事を優先すべき」とかたくなに考えている人間だったのである。

このような風潮は、当時はごくごく当たり前といえば当たり前だった。だが、時代がどうあれ、そんな上司の下では、部下の心は傷つき、やる気をなくしてしまうのは当然のことだ。

また、私がまだ役職に就く前のこと。残業中に、ある後輩の女性が泣きながら仕事をしていた。聞くと、半年前から計画していた京都・大文字焼き見物を、当日になって諦めざるを得なくなったという。上司から急に資料づくりを命じられ、残業しなければならなくなったからだ。

彼女は几帳面な性格で、3カ月前、1カ月前、そして1週間前にも、上司に定時退社の希望を伝えていた。彼女にとってはそれほど大切なことだった。残業を命じられたときも、彼女は帰らせてほしいと必死に抗弁した。

だが、上司の言い分は「資料づくりを優先してくれ。大文字焼きは来年もある」というものだったという。

この話を聞いた私は、このうえない怒りを感じた。

部下の大切にしているものを、なぜ踏みにじるようなことをするのか。

そもそも急に資料づくりを命じるなど、上司自身の判断ミスが招いたことではないのか。そして、自分は決してこのような上司にはなるまい……と強く思った。

私が「残業をしない」「計画的かつ効率的に業務を遂行する」ことに強くこだわったのは、自分の事情だけでなく、こうした人間を目の当たりにし、**「部下を泣かせるような上司にだけはなりたくない」**という強い思いがあったからなのである。

もちろん、組織では部下に温情をかけてばかりいられないのもたしかだ。

上司は部下を動かして結果を出さなければならない。そのために、ときに部下に対して、厳しい姿勢を見せなければならないこともある。**会社とは、温情だけではやっていけない、利益追求を目的とする戦闘集団**だからである。

だが、戦闘集団として勝ち残るには、部下の「やる気」「達成感」そして「信頼感」が欠かせない。これらがなければ、仕事で成果を出すことはできない。

成果をもたらすためには、部下のモチベーションを高める「熱意」を引き出す必要があるのだ。

そのために**上司に求められるのは、何よりもまず真摯（しんし）であること**。真摯であるがゆえに、「この人と一緒に仕事がしたい」と思ってもらえる人間性を身につけることができる。これが重要だ。

「経営の神様」と呼ばれる経営学者のピーター・ドラッカーも、「経営とは真摯さである」と述べている。この言葉が示すように、**真摯さ、すなわち謙虚さや思いやりがなければ、組織や人を率いることはできない**のである。

あるべき上司像については、君はまだあまり考えたことがないかもしれない。言われた仕事をこなすので、今はせいいっぱいかもしれない。

だが、「自分がもしも上司になったら」という視点で仕事に向き合うのは、仕事の幅を広げ、その内容を豊かにし、君の成長を大きく促す。

「常に上位者の視点と視野」を持つことを、意識してみよう。

仕事力のコツ

33 飲み会は「成長のチャンス」ととらえる

～若いうちの酒の失敗が、将来への肥やしとなる～

最近では、上司からの酒の誘いを断る人が少なくないと聞く。

私に言わせれば、これはたいへんもったいない。

酒の席では、普段聞けないような話がたくさん聞ける。「なるほどなあ」と思うことも必ず見つかる。役立つアドバイスをしてくれることもある。

「話は合わないし気を使うし、そんな飲み会は行きたくない」と決めてかからず、ものはためしで飲みの席に同席してみてはどうだろうか。

友人と飲むのと同じように楽しめるわけにはいかないかもしれないが、**「行かないか？」と誘われたら、はなから断らず、とりあえず「1度くらいは……」の気持ちで参加してみよう。**

とはいえ、自分の武勇伝や人生論をえんえんと聞かせる上司がいるのもたしかだ。「最近の若いヤツは」と説教を垂れたがる人もいる。仕事の悩みを話したり、アドバイスがほしいのに、もっぱら聞き役を強いられるということは決して少なくない。

そういう苦痛を強いられる飲み会は、当然断っていい。また、毎日のようにつき合う必要もまったくない。**飲み会につき合うのは、あくまで「自分が成長するためのチャンス」ととらえられるときだけにすべき**だ。楽しくて毎回つき合うのなら話は別だが、単なる義務のために、自分の貴重な時間を使う必要はないのである。

ちなみに、**同僚と飲んでいるときは、「悪口」に気をつけよう**。

本人のいないところで欠点をあげつらったり、バカにするようなことを言えば、回り回って必ず本人の耳に入る。そうなると、仕事がやりにくくなる。足を引っ張られることもある。**「口は災いのもと」だということを忘れてはいけない**。

ただし、酒を飲んでグチりたくなるのも人情だ。その欲求を抑えるのはむずかしい。

私も「サラリーマンの楽しみは酒を飲みながら上司の悪口を言うことだ」と言って、酒を飲んではよくクダを巻いていた。それでたくさん失敗した。後悔もした。

ただ、**若いうちだったら、その失敗や後悔を成長の肥やしにすることができる**。グチや妬(ねた)みなどの〝煩悩(ぼんのう)〟は、ひとつひとつ時間をかけて克服していけばいいのである。

第3章

上司とつき合う知恵のポイント

- □ いくら嫌いでも上司とは絶対にぶつかってはいけない
- □ 上司は部下に慕われるのを必ず待っている
- □ 上司の大好物は「おうかがい」を立てられること
- □ 上司の指示に対して、常に確認することを怠らない
- □ 3つの「部下力」さえあれば、どんな上司ともうまくいく
- □ 理不尽な言い分には、きちんと理をもって反論する
- □ 怒られたら、カッとなったりシュンとしたりせず、まずは5秒待ってみる
- □ 上司の上役とも積極的にコミュニケーションをとる
- □ 「自分がもしも上司なら」という視点で仕事するよう心がける
- □ 普段聞けない話も聞けるので、飲み会をはなから断らないようにする

第4章

~Wisdom for applying intelligence in your business~

仕事に生きる情報術の知恵

仕事力のコツ
34
新聞は読まずに「ながめよう」
〜記事から広告まで、世の中の情報を効率よくチェックする〜

「社会人なら、新聞くらい読め」

上司や先輩から、こんなふうに言われている人も少なくないかもしれない。

だが、**私に言わせれば、新聞は「読む」必要はない。というか、読んではいけない。新聞とは、読むものではなく「ながめる」もの**だと断言しておこう。

考えてもみてほしい。

新聞を隅から隅まで全部読んだら、1冊の本を読むよりも時間がかかる。毎日発行される新聞に、そんなに時間を費やすのはもったいない。

では、新聞情報をどのように〝使う〟のがもっとも効果的なのか。

新聞を開いたら、まずは「見出し」をながめる。見出しさえ見れば、本文を細かく読まなくても、世間で何が起きているかひと目でわかる。見出しの大きさによって、ニュースの軽重を知ることもできる（新聞によってその軽重は異なるが）。

新聞を読む意味は、世界で起きていることをざっくりとつかむことにある。

そのためには、本文をすべて読まずとも、見出しだけを追いかけるだけで十分なのである。

ただし、**見出しをながめるなかで「これはおもしろそうだ」「仕事で使える」と感じた記事だけは、しっかりと読んでおく**ようにしたい。私も毎日、4つくらいの記事を読んでいる。最低それくらいを目安にして、精読するよう心がけよう。

無論、関心があるならいくつ読んでもかまわないが、あれもこれもと欲張りすぎると、頭のなかに残らない。**読む量を必要最低限にとどめることが、新聞を効率的に使うポイント**なのである。

また、**新聞の下段などに掲載されている「本や雑誌の広告」に目を通すのもおすすめだ**。広告の内容から、話題や流行をチェックできるからである。

広告のタイトルやコピーの文言には、情報が端的に表現されている。これを見ると、世の中のさまざまな動きが即座にわかる。

つまり、政治、経済、社会、生活など幅広い情報を素早くキャッチアップするのに、新聞広告はたいへん便利なのである。

最近では、パソコンやスマホで新聞を読む人も多いかもしれない。

だが、パソコンやスマホは、新聞のようにあらゆる情報を俯瞰的に見渡すことができない。タイトルの強弱も乏しいため、ニュースの重要度のちがいもわかりにくい。

携帯性はいいかもしれないが、**世の中の情報をまんべんなく把握するには、やはり新聞がもっとも適している。**

ちなみに、私は新聞だけでなく週刊誌もよく読む。

主に読むのは、『現代』『ポスト』『文春』『新潮』『アエラ』だ。

最近はほとんど読まないが、若いころは『ヤングマガジン』などのマンガ誌もよく読んでいた。『ビッグコミック』に連載されていた「ゴルゴ13」も大好きだ。息抜きに読むマンガの楽しさは格別である。

たまには雑誌にも目を通してみると、またちがった世界が見えてくるはずだ。

新聞はこうして読めばまだまだ使える！

新聞を読む意義

世界で起こっていることをざっくりと把握すること

新聞の読み方

まずは見出しをながめるだけにとどめる

＝見出しをながめるだけで、世の中の動きがひと目でわかる
※スマホ、ネットのニュースでは事件の軽重が判断できないので要注意

新聞下段の雑誌、書籍の広告もチェック

＝政治、経済、社会、芸能、スポーツなど、世間で何がはやっているのか、
幅広い情報を素早くキャッチアップできる

気になる記事や特集があれば、雑誌にも目を通してみる

＝さらにちがう視点が得られる

**『日経新聞』であれば、
「私の履歴書」プラス3記事ぐらいで十分**

仕事力のコツ

35 多読家に仕事ができる人はいない

～考える力を伴わない読書は「百害あって一利なし」～

新聞同様、本もたくさん読む必要はない。

同僚や上司など、**私の周囲にも本をよく読む人が何人かいたが、そういう人にかぎってあまり仕事ができない。**おそらく、**本を読むことに一所懸命で、実践に生かし切れていない**のだろう。

そもそも読んだ本を実践に生かそうとすれば、仕事が忙しくなり、おのずと読書しているヒマなどなくなる。**実践に生かせないのなら、いくら読書を重ねても無意味だ。**

だが、実を言うと、かつての私も無意味な読書を重ねる多読家だった。

幼い頃から「たくさんの本を読みなさい」と母に教えられ、自分自身もそう信じていたので、むさぼるように本を読みまくっていた。仕事をおぼえたての頃も、多読が成長につながると考えていた。

しかし、その考え方があるときアダとなった。**あるビジネス理論に関する本を読み、**

その内容を盲信して事業戦略を組み立てた結果、大失敗してしまったのである。

本に書かれていることは、そもそも参考にすぎない。実践にあてはめる前に、目の前のビジネスを掘り下げて分析し、事業全体の正確な事実をつかんだうえで戦略を考えなければならない。なのに、私はそれを怠り、本の知識だけに頼って戦略を立ててしまったのである。

この失敗から、私は**「考える力を伴わない読書は百害あって一利なし」**と考えるようになった。

本を読むときは「ここに書かれていることは本当なのか?」と考えながら批判的に読む。そして本当に役立つと判断したことだけを、仕事のなかに落とし込んでいく。

これが仕事に生かせる正しい読書ではないだろうか。

このように、**読書は少数精鋭が望ましい**。したがって、読んだ冊数を自慢するのも意味がない。私の仕事場には常時1000冊くらいの本があるが、これ以上増えないよう、本を買うたび不要な本は始末するようにしている。

多読同様、自己満足な「多蔵書」も、まったく無意味なのである。

仕事力のコツ

36 末永く自分を支える「座右の書」を探そう

～本の読み方は時間、状況の変化によって変わってくる～

本をたくさん読むのは意味がないと述べたが、気軽に読める本を娯楽として読むのは悪くない。

若いうちは、興味のある本を片っ端から読みあさる「乱読」も、せっかく買ったのに積んでおくだけで読まない「積ん読（つんどく）」も、学ぶところがないわけではない。

だが、できればそこから「深く濃く」つき合える本を見つけ出してもらいたい。仕事や生き方に役立つヒントを与えてくれる実用書もいいが、できれば自分を成長させ、幸福に導いてくれるような本と出会うのがベストだ。

上司や先輩からのすすめを参考にしてもいい。

新聞や雑誌の書評から選んでもいい。

書店がすすめる本に目を通してみるのもいい。

日頃から少しずつ意識して、末永く自分を支えてくれそうな「座右の書」を探し出してみよう。

私の場合、座右の書といえば、いの一番に『論語』が挙げられる。言わずと知れた儒教の始祖・孔子の教えをまとめた問答集である。

私はこの『論語』を何度も読み返した。そして感銘を受けた言葉や、重要と感じたポイントを、ノートや手帳に書き出した。

たとえ、何度も読んだとしても、ただ読んだだけでは身につかない。読んだら書く。書いたらそれを読み返す。これをくり返すと、書かれている内容が次第に自分のものになってくる。

座右の書は、こうして自分自身の血肉にしていくことが重要である。

私はとき折り、拙著を読んだ人から「ためになった」「有意義だった」と言われることがあるが、多くの人はそう言って本を読んだだけで満足してしまう。満足しただけで終わらないよう、役立ちそうだと思うことがあれば、是非書き出して、さらに実行に移してみてほしい。

どんな有意義な知恵も、読むだけでは成長につながらないのである。

ところで、私の座右の書として、もう1冊挙げておきたい本がある。カナダ人実業家のキングスレイ・ウォードが著した『ビジネスマンの父より息子への30通の手紙』である。

この本には「幸福は何かを成し遂げたときに得られる」「友情には手入れが必要」など数々の名言が登場する。これらの名言は私の人生を支え、これまでの拙著にも多くの影響を与えた。

ビジネスマンとしての私は、この本によってつくられたと言っても過言ではないくらい、特別な思い入れのある本なのである。機会があれば是非一読してほしい。

最後に、私の人生を支えてくれた本を紹介したい。

『夜と霧』。ユダヤ人の精神科医ヴィクトール・フランクルが書いた世界的ベストセラーである。

フランクルは、ナチスの収容所で絶望的な状況にありながら、周囲の人々を励まし、たとえどんな運命であろうと、前向きに努力することが生きる力になると説いた。

長男の自閉症と妻のうつ病で「不幸のどん底だ」と嘆いていた私は、この本を読んで「自分の悩みなどとるに足らない」と思い知らされた。「オレもフランクルのように、運命を受け入れ、全力で使命を果たそう」と決意した。

私は『夜と霧』に救われ、運命を受け入れて生きる勇気をもらったのである。

実を言うと、私は『夜と霧』を以前にも1度読んでいた。

そのときは何とも思わなかったのに、つらい状況で再読して、はじめてここに書かれていることの意味が理解できたのである。

このように、**同じ本でも、読む年齢やタイミングによって読みが深まり、本の価値ががらりと変わる**ことがある。難解な本に感動したり、シンプルな本に真理を見出すこともある。

だから、すでに持っている本のなかに、君を導く「座右の書」が隠れているかもしれない。はやりの本ばかりを追うのではなく、昔買い求めた名著を再読してみてはどうだろうか。

仕事力のコツ

37 ネットの情報を意識的に遮断してみる

～スマホをのぞき込んでいる時間には、必ずムダがある～

情報収集手段の主流といえば、今は圧倒的にＩＴである。

とくに、いつでもどこでも手軽に使えるスマホは、現代では欠かすことのできない情報ツールと言っても過言ではない。「これなくしてビジネスはあり得ない」と思っている人も多いはずだ。

だが、**ビジネスをするうえで、スマホはむしろ仕事のジャマになりかねない側面もある**ということを忘れてはいけない。必要な情報以上によけいな情報を受け取ってしまうため、時間をムダにすることがたいへん多いからである。

私の知人で、ビジネスで大成功をおさめたある女性経営者は、スマホを持っていない。スマホどころか、ガラケーも持っていないという。

これほどの成功をおさめた人が、なぜスマホもガラケーも持っていないのか。さすがの私も驚いて理由を尋ねたところ、こんな答えが返ってきた。

「持っていないほうがよけいな情報が入ってこなくていい。世間ではスマホとにらめっこしている人が大勢いるが、そんなムダなことをしているから、仕事で成功できないのではないか。電車のなかで、みながみなスマホをいじっているのを見ると、気持ちが悪くなってくる」

なるほど、たしかに多くの人が同じようにスマホとにらめっこしている光景は、一種異様とさえ言える。

スマホはたいへん便利なものだが、膨大な情報を玉石混交で垂れ流してくる危険な代物でもある。彼女の意見も踏まえ、スマホに届く情報を意識的にシャットアウトすることを心がけてみてはどうだろうか。

私は常々、**情報管理のコツは「〈よけいな会議に〉出ない・〈よけいな人に〉会わない・〈よけいな書類は〉読まない」**と言っている。これは要するに「しない」を決めていくということである。

のべつまくなしに垂れ流されるネット情報は、収集するよりいかに「切る」かが重要だということもおぼえておこう。

仕事力のコツ

38 自分を育てる「マイ手帳」をつくろう

～記録と記憶の積み重ねが、新たな成長へと導く～

記録をつけることの重要性は、すでに本書で何度も述べた通りである。

若い人のなかには、スマホやタブレット端末でスケジュール管理をしている人も多いと思うが、「仕事力のコツ17」で触れたように、**私のおすすめはあくまで手書きの手帳である。**くり返しになるが、**「書くとおぼえる、おぼえると使う、使うと身につく」**からである。

ノートでもかまわないが、やはり**手軽に持ち運べ、気軽に開けるサイズの手帳を使いこなすのがベスト**。

私は東レが社員用に作成した手帳を20年間愛用し続けた。君も使い勝手の良い手帳を探して「マイ手帳」として愛用してみよう。

ここでは参考までに、私が愛用した手帳の特徴を挙げてみることにする。

●見開きで2カ月分が見られる月間スケジュール

1月から12月まで、それぞれ1ページに1カ月分のスケジュールが記入できるカレンダーがついている。つまり、2カ月分のスケジュールを見開きで見ることができるので、先々の予定を把握、管理するのにとても便利である。

●スケジュール管理とメモが別々

カレンダーの横にメモのスペースがある手帳も多いが、メモ欄をあまり使用しない週と頻繁に使用する週が必ず出てくるので、メモした内容がバラけて、確認、振り返りの際に効率が悪い。**スケジュールはスケジュール、メモはメモと分かれているほうが効率的**である。

●メモスペースの冒頭には会議・打ち合わせの記録を記入

会議での発言や決定、課題などを記録するほか、仕事に関連したデータ（GDP、オイル価格、ジニ係数など）も記入。**確認しやすいよう時系列で書き入れていく。**

●メモスペースの最後には格言や印象に残った言葉

冒頭では会議や仕事関連の情報を記録するのに対し、うしろのページには格言や印象に残った言葉、フレーズなどを書き込んでいく。つまり**仕事メモは冒頭↓最後、格言などは最後↓冒頭に向かって書いていく**という案配である。

私はこの手帳のほかに、ワイシャツのポケットに入るサイズの手帳も常備していた。こちらには銀行口座、クレジットカードの暗証番号のほか、大事な人の連絡先や誕生日などを記入している。

また、この手帳に常に小さな紙をはさんでおき、処理すべき案件、出すべきメール、思いついたアイデアなどをどんどん書き込む。

そして会社に行ったら、このメモを机の上のメモ用紙に書き写し、処理が済んだら二重線で消していく。こうしておくと、うっかり処理し忘れるというミスを避けることができる。

最近では、同じような機能を備えたスマホアプリもあると思うが、手書きメモを使ったほうが確実を期せると思う。「手書きでなければ絶対にダメ」などと言うつもりはないが、せめて重要な案件は、手書きを活用することを是非すすめたい。

実は、こうした手帳の使い方は、若い頃から実践していたわけではない。記録することを意識しはじめたのは40代になってから。それまでは、スケジュールもメモもいい加減で、何の工夫もしていなかった。

自分の頭で考え、本気で仕事をするようになるにつれて、手帳やメモの重要性に気づき、試行錯誤するうちに、このやり方に落ち着いたのである。

だから、君も自分なりに試行錯誤して、早めに自分に合った手帳のつけ方を探ってみてほしい。**手帳は書いて見直すと同時に、何年も続けていくことが重要**である。そのためには、自分に合ったやり方を早く見つけるのが一番なのだ。

ちなみに私の著書は、この20年分の手帳がもとになっていると言っても過言ではない。長年にわたって書き記されたちょっとしたメモが、積もりに積もって膨大な記録となり、ベストセラーにつながった。

継続は力なり。君も自分を育てるつもりで、是非、マイ手帳をつくってみよう。

仕事力のコツ

39 「海外」「英語」に振り回されるのはやめよう

～仕事で重要なのは、むしろ正しい「日本語力」である～

最近では、社内での公用語を英語にするといった動きが、各所で見受けられる。グローバル社会を生き残る企業戦略の一環だが、はっきり言って、これはそうとう効率が悪い。日本語でさえなかなか話が通じないものを、英語で会話などしようものなら、よけい意思疎通ができなくなるからである。

外国籍の社員と話すのに英語を使うのならまだわかるが、日本人同士で話すのに、わざわざ英語を使う必要などない。英語力を養うのは大切かもしれないが、「社内での会話を英語に」というのは、また別の話なのではないだろうか。

そもそも、**海外で重要な商談をするときは、英語のプロである通訳を介するのが常識である。どれほど英語が堪能な人でも、微妙な話をするときは、必ず通訳を介して日本語で話す。慣れない英語を使えば、誤解を招き失敗する恐れもあるから**である。

もちろん、仕事ではなく遊びならかまわない。日常会話くらいできるようになれば、楽しいし便利だし、役に立つことも少なくはないだろう。

だが、**仕事で重要なのは英語力ではなく、むしろ正しい「日本語力」**である。英会話が堪能になる前にすべきは、日本語できちんとビジネスの話ができるようになること。仕事で英語を生かすのは、そのあとで十分なのである。

もっとも、日本人の英語力の低さが問題である事実も否めない。最低限の日常会話力を身につけたり、海外の情報に触れる習慣をつけるのもたしかに大事である。

そこで、ネットやテレビで海外のニュースを意識的に見聞きしたり、外国の映画をすすんで見てみるようにしよう。

「実際に海外に行かなければ」と思う人もいるかもしれないが、大事なのは毎日くり返し見聞きすること。**留学経験や海外駐在経験のあるなしも、率直に言って仕事のできる、できないとはあまり関係がない。**

世界の状況を肌で感じるのも大切なことではあるが、日本にいながら身につけられることを素早く仕事に生かすほうが、より効率的だといえる。

第4章

仕事に生きる情報術の知恵のポイント

- □ 新聞は全部読む必要などない
- □ まずは見出しだけをざっとながめる
- □ 気になった記事3つ、4つほどだけ精読する
- □ 紙面下段の雑誌、書籍の広告は、世の最新情報の宝庫
- □ たくさん本を読む人ほど、得てして仕事ができない
- □ 一生の支えとなるような「座右の書」を見つけ出すことが大事
- □ 同じ本でも読む時期、状況などによって、得られるものが変わってくる
- □ ネットの情報は意識的に遮断するようにする
- □ 予定だけでなく、情報や気になる言葉などを書き込める「マイ手帳」を持ち歩く
- □ 語学力は大事だが、それを使う目的をきちんと認識しなければムダになることも

第5章

~Wisdom for making your life happier~

人生をより幸せにする知恵

仕事力のコツ

40

1度、人生設計を具体的にイメージしてみる

～目標が明確になると、「今すべきこと」がおのずとわかる～

若いうちは、ときに寝食も忘れてがむしゃらに働くことが大事だ。しかし、かといって何も考えず無防備に働き続けるのは、決していいこととは言えない。

長時間労働や緊張を強いられる人間関係は、まちがいなく君を消耗させ疲弊させる。

それが続けば、いつしか君は思考力を失い、仕事に支配されてしまうかもしれない。

仕事が及ぼす力はきわめて強く、君の人生をいともたやすく飲み込みかねないのだ。


そこで、是非とも君に試みてほしいのが、「人生設計をできるだけ具体的にイメージしてみる」ということである。

何歳くらいまでに今の仕事をマスターするのか。

その次にはどんな仕事に挑戦したいのか。

30歳、40歳、50歳ではどんな仕事をしていたいのか。

結婚はいつ頃か、子どもは何人ほしいか。

どんなライフスタイルを送りたいのか。

もちろん、イメージした人生設計が思い通りになるとはかぎらない。途中で考えが変わることもある。

だが、**人生設計を具体的に考えると、「自分は何を大事に生きていきたいのか」「人生で何をしたいのか」が見えてくる。それが見えると、「何のために働くのか」「どういう働き方が自分にとってベストなのか」がつかめるようになる。**

これがしっかりとつかめれば、必要なものとそうでないものがおのずとわかる。ムダを省くにはどうすれば良いかもわかるようになる。「これは絶対にやろう」「あれをやめるためにはこうしよう」などと知恵が働くようにもなる。

人生設計をイメージすることは、仕事の荒波をかいくぐって君を幸せに導く、羅針盤の役目を果たしてくれるのである。

正直に言うと、私も若い頃は人生設計など考えたこともなかった。仕事も結婚もライフスタイルも、かなり行き当たりばったりだった。

だが、働く意味が「家族」にあったことだけはたしかだった。**私は仕事も会社も大好きな、自他ともに認める仕事人間だが、「家族を幸せにしたい。それが自分の幸せ」と思う気持ちにブレはなかった。**

もちろん、いつもうまくいっていたわけではない。家族と気持ちがすれちがうことも少なくはなかった。

うつ病の妻が自殺未遂を起こしたときは、「オレがこんなにがんばって支えているのに、どうして自殺しようとするんだ！」と絶望もした。一命をとりとめた妻から「ごめんね」と言われたときは、苦しむ妻を労れなかった我が身を深く悔いもした。だが、そうした紆余曲折を経て、妻から「親よりも深い愛をもらえた」と言ってもらえたときは、「家族のために生きてきて本当に良かった」と心底思った。子どもたちからも尊敬される父親になることができて、自分は本当に幸せだと感じた。

このことは、私の人生における何よりの誇りであり、宝でもある。**私は組織でもある程度成功したかもしれないが、それ以上に家族からの愛と信頼を手にできたことが、何よりの成功だと神に感謝さえしたい**のである。

日本の企業では、長らく「男は家族より仕事」という価値観がまかり通ってきた。「子育ては妻に任せきり」「家庭より仕事に命をかけてきた」というようなことを公言してはばからない企業トップも少なくはない。

だが、**仕事には必ず終わりのときが来る**。仕事をリタイアしたあと、自分はどこで誰と生きるのか。仕事一辺倒で家族を顧みなかった場合、帰れる家庭は果たしてあるのか。生涯かけて心から楽しめる趣味はあるのか。心を開いて語り合える仲間がどのくらいいるのか……。

それを考えながら生きることが、人生では必要不可欠だと思うのだ。

仕事が終わった定年後のことなど、君にとってはまだまだ先のことだ。「そんな先のこと、全然イメージすら湧かない」と思うかもしれない。

だが、**「いずれはどうなりたいのか」「どんな自分になりたいのか」を、若いうちから考えるのは決して無意味ではない**。

常に行く末を見据えながら、計画を立て、その都度、人生を修正していく。

そのちょっとした心がけが、君を飲み込もうとする仕事の魔手から、君を守ってくれるはずである。

仕事力のコツ

41 君の「サムマネー」を計算してみよう

～生活に必要なお金と、夢のためのお金を分けて考える～

お金は、たくさん持っているにこしたことはない。

お金があれば、人生の苦労の半分は解決する。幸せになるために、お金は不可欠と言っていいだろう。

だが、「お金さえあれば幸せになれる」と思い込んではいけない。「お金さえあれば何の苦労もせずに済む」と考えるのもまちがっている。

実際に、多額の遺産をめぐって骨肉の争いをくり広げる人々もいる。幸せに不可欠であるはずのお金が、不幸をもたらすというのは皮肉な話だが、残念ながらお金には、人の心を狂わす側面があるのも事実だ。

お金は、手に入れる以上に、賢くつき合うことがとても重要なのである。

では、お金とはどうつき合うのがベストか。それを考えるにあたって、以下の３つのお金について確認してみよう。

①食べたり住んだりなど、生活を営むのに必要な最低限のお金
②病気になったときなど、いざというときのためのお金
③やりたいことをかなえるためのお金

今いくらかかっているか。あとどれくらいあれば理想的なのか。この3つのお金をもとに、現実に即して考えれば、地に足の着いた目標金額がおのずと出てくる。

漠然と「金持ちになりたい」とだけ考えているより、ずっと賢いお金の貯め方、使い方が可能になるのではないだろうか。

3つのお金のうち、生きていくだけなら①、②だけでもなんとかなる。だが、これだけしかないと、結局、常に生活を維持するのに汲々とし続けなければならなくなってしまう。そして、夢や将来やりたいことまで考えが回らなくなる。

やはり、人生の幸せを実現するためには、③についてあれこれ考え、想像し、夢や希望を持ってお金を貯めることが大切だ。

チャールズ・チャップリンの主演映画『ライムライト』のなかに、**「人生に必要なのは、勇気と想像力とサムマネー」**というセリフがある。大もうけしないまでも、この「サムマネー（いくらかのお金）」くらいは稼ぐ努力をする。

それが、お金に対する基本的な心がまえではないだろうか。


私の場合、「いくらかのお金」について考えられるようになったのは、実は著書が売れてからである。それまでは、決して裕福な暮らしとは言えなかった。

「大企業で出世して取締役まで務めたのに？」と思うかもしれないが、自閉症の長男がひとり暮らしをするための生活費や病気の妻の医療費など、うちでは出ていく金額も大きかった。

だから、貯蓄をする余裕など、とてもなかった。入ってくるお金をやりくりし、日々生活していくのでせいいっぱいだったのである。

だが、そんなたいへんな時期があったおかげで、私も、そして私の子どもたちも、お金の大切さと、お金がもたらす幸せについて、とことん考え、多くを学んだ。

人生で必要な3つのお金とは？

生活のためのお金	いざというときのお金	夢のためのお金
●食費	●医療費	●結婚資金
●水道光熱費	●冠婚葬祭費	●子どものための資金
●住居費（家賃、住宅ローン）	●（親の）介護費	●投資の資金
●情報通信費	●社会保障費	●自分の勉強の資金
●被服費	●各種保険費	●将来の開業資金
など	など	など

お金は量よりもその質が重要

私が「いくらかのお金」に恵まれるようになっても、子どもたちが私にお金をねだったり、親の金をアテにするようなことが1度たりともなかったのは、この裕福ではなかった時代があったからかもしれない。

少ないお金で、家族みんなで何とかやっていこうと努力する日々が、私たち家族にお金に対する正しい考え方を教えてくれた。

つまり、**つましい暮らしもお金の苦労も、人生を豊かにするかけがえのない経験**ということなのだ。

仕事力のコツ

42

若いからこそ体を動かし、心を休ませよう

～健康に無頓着な人は、仕事でも成果を出せない～

仕事が忙しいと、どうしても健康管理がなおざりになってしまう。朝食を抜いたり、暴飲暴食をしたり、夜遅くまで飲んで睡眠不足だという人も少なくないだろう。だが、若いからといって無茶は禁物だ。言うまでもないが、体調不良は仕事に悪影響を及ぼす。バランスの良い食事と十分な睡眠をとり、1日の疲れを翌日に持ち越さないよう心がけるのが大切だ。

私は健康管理には人一倍、注意を払ってきた。長男に障がいがあり、妻も肝臓病とうつ病を患っていたので、私が病気になどなれば、一家崩壊は免れないという危機感があったからである。

健康を維持するコツは、何といっても食事と睡眠。私はどんなに忙しくても3度の食事は必ずとり、最低7時間は寝るよう心がけた。

お酒も毎日飲んでいたが、飲みすぎには注意した。適度なお酒は疲れをとってくれるし、ハメを外すのもたまには楽しい。だが、**意識をなくすほど飲んだり、酔って酒癖の悪さを露呈するのははっきり言って論外。理性をなくすほど飲んでしまうのは、知性に欠ける証拠**と言わざるを得ない。

自分がどんなお酒の飲み方をしているのか、1度客観的に振り返ってみよう。

私は運動も大好きである。30代まではテニス、管理職になってからはゴルフを楽しんだが、ゴルフはプレーするにも練習するにも、金がかかるし時間もかかる。そこで、毎朝5時に起きて、家の裏手にあった大学のグラウンドで自主練した。

「仕事が忙しいのに何もそこまで」と思うかもしれないが、運動は忙しいときこそ心がけたほうがいい。体を動かせばストレスを発散できる。さらに、**運動して体を疲れさせれば、よけいなことを考えずに済む**。

運動によって頭を空っぽにし、精神を休ませることがとても大切なのである。

健康に無頓着な人は、仕事でもロクな成果は出せない。健康な体は、良い仕事をするのに欠かせない重要な資本だということを忘れないように。

仕事力のコツ

43

「本物」「超一流」を見て嗅覚を磨こう

~まずは体で感じるところから始めてみる~

仕事では、数多くの資料を読み、人と出会うなかで、さまざまな影響を受ける。ただし、それらは必ずしも、すべて正しいものとはかぎらない。**正しいかどうかを判断するには、データや情報に基づいた理性的な判断が欠かせない**といえる。

だが、理性的に判断したつもりでも、「何かが足りない」「論理的には正しいが、どことなく信用できない」という感覚を抱くことも少なくはない。このような、**本物かどうかを嗅ぎ分ける嗅覚を養うのも、仕事においてはたいへん重要**である。

では、嗅覚を身につけるにはどうすればいいか。無論、経験を重ねることも必須だが、それとは別に、嗅覚を磨く有効な方法がある。

それは、**「本物」や「超一流」に触れること**である。

たとえば、古典など重量感のある書物を読んでみるのも、そのひとつだ。

私は推理小説が大好きで、なかでも大いに感動したのがアガサ・クリスティの作品である。彼女の作品は、トリックのアイデア、構成、伏線の張り方など、どれをとっても一流で、深い人間観察眼に貫かれている。

こういう本を読むと、本物のすごさが、おのずと体に叩き込まれる。「一流に近づくようもっとがんばろう！」と思えるし、「自分はまだまだ甘いな」と振り返ることもできる。**一流の持つエネルギーは、目標設定を高くし、君自身の人間力を引っ張り上げてくれる**のである。

本だけでなく、一流スポーツ選手が活躍する試合を観戦したり、美術館や博物館に足を運んで、高い評価を得ている作品を見るのも役に立つ。

「美術品なんて、むずかしいことはよくわからない」と思うかもしれないが、**大事なのは理解するより体で感じること**。理屈抜きに、五感で「本物」に向き合う機会を是非意識的に持ってみよう。

また、本物を知るには、旅行も外せない。それも単なる観光ではなく、あっと息を飲むような絶景や歴史的価値のある建造物などを自分の目で見てみるのである。

私はかつて仕えた東レの社長から、こんな話をされたことがある。

「自分はこれまでに世界中を回って、感動したものが3つある。エジプトのピラミッド、ネパールのヒマラヤ山脈、そして山形の湯殿山（ゆどのさん）にある即身仏（そくしんぶつ）だ。これを見ると、無条件に頭が下がる。人間はこういうものを見るべきだ」

この話を聞いて、私はさっそく湯殿山の即身仏を訪ねた。即身仏とは、世のため人のために尽くしてきた僧侶が、山に入って厳しい修行を重ね、最後は土中の石室に入って祈りながら、人々のために自分の命を捧げるという、すさまじいものである。

その姿の何と神々（こうごう）しいことか。厳しい修行を積んだ僧侶が、一心に祈りながら入定（にゅうじょう）を果たした偉業の重みが、ひしひしと伝わってきた。

会社のため、家族のため、自分なりに必死に尽くしてきたつもりだったが、生きながら仏になる苦行を志した即身仏にくらべたら、私の努力なんてちっぽけなものにすぎない……。そう思い知らされたのである。

それに、何より衝撃を受けたのは即身仏の放つ圧倒的なエネルギーである。言葉では言いあらわせない「気」のようなものが伝わってきて、人智を超えるものの持つ途方もない存在感を感じずにはいられなかった。

こういう体験をすると、思わず手を合わせたい気持ちになる。ひざまずかずにはいられない気持ちになる。人間の力などたかが知れている。いっときの成功に慢心などしてはいけないと、謙虚な気持ちになることもできる。

人智を超えるものに触れるということは、仕事の喧噪から離れ、自分自身を謙虚に、客観的に省みる、またとないチャンスなのである。

ちなみに、**「何かに手を合わせる」「万策尽きて神に祈る」というのも、大切な習慣**ではないかと私は思っている。無論、努力もせず神頼みするのは論外だが、努力の末に奇跡的なことが起きることは決して少なくはない。

実際、私の場合、長男のことにしろ妻のことにしろ、誰かの命が失われてもおかしくはないという状況も何度かあったが、今こうしてみんな元気に、幸せに暮らすことができている。

それも、必死の努力を何かが見守ってくれていて、私に味方してくれたのではないかと思えるのだ。

だから君も、**とことん努力したら、「神様!」と手を合わせてみるといい。**努力の先にある奇跡を、体験できるかもしれないのだから。

仕事力のコツ

44 「転職のリスク」ととことん向き合ってみる

～経験値、現状への不満、将来像を考え抜いてから動こう～

勤め始めて数年もたつと、転職を考える人も少なくはないだろう。終身雇用も崩壊した今、転職は「考えて当たり前のこと」とさえ言えるかもしれない。

だが、何年か勤めた会社を辞めるのは、やはりリスクが高い。

たとえどんな組織であろうと、そこで培われた実績や人間関係は貴重だ。転職するということは、その貴重な財産を評価してくれる人がいなくなるということを忘れてはいけない。

君が培った財産を評価されての転職なら話は別だが、そうではなく思いつきレベルで転職してしまうと、不利益をこうむる可能性が高いのだ。

もちろん、そのリスクも考慮し、それでもなお新しい場所を求めるならいい。別の組織で自己研鑽したい。そのほうが成長できる。そう判断したのなら、リスクをとる価値もあるだろう。

たとえば、私の知人のある女性は、会社からの評価に納得がいかず会社を辞め、渡米して勉強したのち、外資系の企業に就職して副社長にまで上りつめた。ここまで目標をもってがんばれるのなら転職も悪くはない。

だが、多くの場合、転職を考えるのはそんな前向きな理由ではないのではないか。組織が認めてくれない。自分の言い分を聞いてくれない。昇進させてくれない……。

そんな「くれない症候群」から転職を考えるのではないだろうか。

だが残念ながら、これら**「くれない症候群」から転職を考えても、おそらくうまくはいかない。**別の会社に移ったはいいが、また同じように不満を抱えて「くれない症候群」に陥る。そのくり返しになるのが関の山だ。

なぜそうなると言えるのか。それは、「認めてくれない」「言い分を聞いてくれない」「昇進できない」という理由を突きつめて考えていないからだ。そうしたことを考えないまま転職したら、同じことのくり返しになるのは、火を見るより明らかだ。

だから、「転職したい」と思ったときは、ただの「くれない症候群」か否かを、冷静に考えてみてほしい。

「組織は理不尽なものだ」と本書の冒頭で述べたが、その**「理不尽さ」と「今まで培った財産を捨てること」とを秤（はかり）にかけて、それでもなお転職したいのかを、とことん考えなくてはならない**のである。

一方で、なかには「組織の理不尽さ」がどうにも耐えられないという場合もある。組織に所属せず、起業したいと考える人もいるだろう。

起業も転職同様、リスクを背負うことに変わりはない。さまざまな条件が整わなければ、むしろ起業は転職以上にリスクが高いかもしれないが、それでも独立したほうが幸せになれると思うのであれば、君がチャレンジする価値も当然ある。

実際、私の知り合いに、起業に見事成功した若者がいる。彼の例から、起業に成功する3つのポイントを挙げてみよう。

①計算力とマーケットリサーチ力が高い
②ITを戦略的に使うことができる
③コミュニケーション能力が人並み以上

彼は、決して器用なタイプではない。

だが、分析力や洞察力に優れ、人の気持ちに配慮できる人間力もある。起業にあたって、彼は事業計画書などを携えて、何度も私のもとに相談に訪れた。

「利用できるものは何でも利用して、何とか成功にこぎ着けたい」という強い意気込みも感じた。

起業で成功するには、熱意と商才の両方が求められるのは言うまでもない。

さらにもうひとつ忘れてはならないのが、**転職にしろ起業にしろ、組織にいるときと同様、忍耐が不可欠である**ということ。

ひとりでビジネスを立ち上げ、それを軌道に乗せるまでに、さまざまなトラブル、難題に出くわすだろう。その都度、不満を抱え、腹を立てて、ちゃぶ台をひっくり返すようなことばかりしていては、何をしようと決して成功しない。

転職、起業を考えるなら、そのことをまず肝に命じるべきなのである。

仕事力のコツ

45 結婚のポイントは「愛情」ではなく「リスペクト」

～敬意の気持ちだけは、簡単には消えてなくならない～

収入がおぼつかない。環境が整わない。余裕がない……。

そんな理由から、結婚しない、子どもをつくろうとしない若者が増えているという。

たしかに、結婚や子育てには責任が伴う。**「先の不安を抱えたまま、とても結婚なんてできない」と思うのも、ある意味正しい**ことではある。

だが、無責任に聞こえてしまうかもしれないが、結婚も子育ても、思いきって一歩を踏み出せば何とかなる。勢いがあれば、道は何とか開ける。

「結婚とは〝誤解〟と〝錯覚〟と〝勢い〟だ」などと言うこともあるように、結婚という人生の一大イベントに挑むことができるのも、若さという強みがあってこそではないだろうか。

もちろん、結婚しなければダメだとは言わない。独身で生きるつもりなら、それはそれで悪くない。

だが、「いずれは結婚したい」と思っているなら、なるべく早く済ませたほうがいいだろう。とくに相手がいるなら、ああでもないこうでもないと迷っているのは時間がもったいない。

「迷うのなんか時間のムダ……」とまでは言わないが、やるべきことはさっさとやったほうが、かぎりある時間を有効に使えるはずである。

ちなみに、**結婚相手を決めるときの一番のポイントは「リスペクト」。相手に対して敬意を持てるかどうかが、もっとも重要**である。

スタート地点では恋愛感情が一番大きな要素となるだろうが、それだけで選ぶのは危険だ。**恋愛感情というのは、時間がたつにつれて冷めてしまう**ことも少なくはないからである。

一方、リスペクトの気持ちは、ちょっとやそっとではなくならない。「何ごとにも真剣に取り組む」「思いやりや配慮がある」など、客観的に見て「敬意に値する」と思える部分が君、あるいは相手にあるなら、そう簡単に気持ちが離れることはない。

大事なのは、相手に対して「さすがだな」「自分にはマネできないな」と思えるかどうか、心から認められる部分があるかどうか、ということなのである。

最近では、結婚だけでなく離婚で悩む人も多い。何しろ3組に1組は離婚する時代である。「合わなければ離婚すればいい」と、離婚も選択肢のひとつに入れながら結婚する人も少なくないのかもしれない。

だが、1度「この人とやっていこう」と決めたら、そう簡単に放り出してはいけない。自分が望んでその人を選び、結婚したのである。その責任をまっとうする努力もしないで、幸せになどなれるわけがない。

「結婚するならさっさとしたほうがいい」と言ったが、相手に対して、責任をまっとうする努力ができないと確信したなら、結婚は思いとどまったほうがいい。

結婚における愛情とは、責任を果たす努力をすることなのである。

もちろん、なかにはどうしてもうまくいかない場合もある。努力したけれど、やっぱり別れたほうがお互いのためということもある。**「何がなんでも別れるな」などと言うつもりはない**。

結婚に関する4つのポイント

なるべく早く済ませる

- 相手がいるなら迷いは時間のムダ
- 早めに結婚し、人生の残り時間を有効に使う
- 独身で生きていく覚悟があるなら、それもアリ

大切なのは「リスペクト」

- 恋愛感情は時間の経過とともに冷める
- 大事なのは、お互い尊敬できるポイントがあるか否か
- リスペクトはちょっとやそっとではなくならない

結婚生活で大事なこと

- 相手に対して責任をまっとうする
- 簡単に放り出さない
- 結婚における愛情とは責任を果たす努力をすること

危機が訪れた場合

- 話し合い、歩み寄る努力をする
- 努力したが、ベターだと思えるなら離婚も道のひとつ
- ケンカ別れして結婚、離婚をくり返すのは論外

結婚も仕事も相手に対する責任が重要

だが、**話し合い、歩み寄る努力もせず別れてしまうのは、浅はか**だと言わざるを得ない。ケンカ別れして、結婚や離婚をくり返す人もいるが、それは自分で自分の価値をおとしめていることにほかならない。そんなことをくり返しても、決して幸せにはなれないのだ。まさに前項で述べた「くれない症候群」と同じく、**自分ではなく相手にばかり責任を押しつけているかぎり、私生活でも何ら成長できない**だろう。

幸せになるには、リスペクトできる相手を真剣に選び、責任をもって全力を尽くす。

結婚も仕事も、自分で選んだことに責任を持ち、それを果たすべく努力をすることが重要なのである。

仕事力のコツ

46 家族は自分の力をさらに強くしてくれる

～仕事も家庭も、お互い信頼し高め合うチームである～

結婚すると自由を奪われる、子供ができたら家庭に束縛されるなど、結婚や家庭に対して、ネガティブな印象を持つ人も少なくない。

だが、**結婚して家庭を持つことには大きなメリットがある**。

料理や洗濯など、身の回りのことを分担できる。病気になったとき、助け合うことができる。子どもができれば、「がんばろう！」という気持ちも大きくなる。

わずらわしさが増えるのも事実だが、それ以上に、自分自身がパワーアップできる。**家庭を持つことは、みずからの成長を促す貴重なチャンス**なのである。

しかし、にもかかわらず、**なぜ多くの人が家庭をわずらわしいと感じるのか**。

その理由は、家庭をチームとして見ていないからである。

たとえば、会社では複数の人間がチームを組んで仕事をする。仲間同士で足りないところを補い合い、協力し合って、信頼関係を築いていく。仕事を進めるうえでは、誰もが当たり前のようにやっていることである。

ところが、同じことを家庭でもやろうと考える人はなかなかいない。「男は仕事、女は家事と子育て」などと決めつけ、自分の領分以外で問題が起きても、他人事のようにとらえて助け合おうとしない。

そんなことを仕事でしたらどうなるか。信頼関係が築けない。チーム全体のパワーが落ちる。当然、成果も成功もあり得ない。これは家庭においても同じだ。**家庭もチームであると考え、信頼を築き協力し合って問題にあたる努力が不可欠**なのである。

私の場合、妻が病気だったことから、仕事だけでなく家事全般をこなしていた。

私は幼い頃から母が勤めに出ていたため、家事はまったく苦ではなかったし、病気の妻に代わって家事をするのは当然だと思っていた。妻も、それを喜んでくれているものと思っていた。

ところが、実はそんな考えは私のひとりよがりにすぎなかったのだ。

妻はもともと料理上手で、家事育児に精を出す主婦の鑑（かがみ）のような女性である。そんな妻の前で、夫が嬉々として家事をこなせばどう感じるか。主婦の役目を失い、居場所を奪われたかのような喪失感をおぼえて当然である。そんな妻の心情に私は配慮することができなかった。家庭のリーダーとしては、失格と言わざるを得ない。

家庭というチームが機能するには、仕事以上に、配慮や気遣いが必要なのである。

「家庭でも気遣いが必要だ」などと聞くと、「やっぱり家庭はわずらわしい」と思う人もいるかもしれない。あるいは、そんな気遣いなどせず、言いたいことを言い合えるのが家族の良さではないかと思う人もいるだろう。

もちろん、言いたいことを遠慮せず言い合えるのも家族だ。悩みや相談事を共有し合うのも、家族の役割にちがいない。だが、そういう関係が期待できるのも、普段のちょっとした気遣いがあってこそなのだ。**ケンカもできる。文句も言い合える。甘えたり頼ったりもできる。そういう家族に不可欠なのが、気遣いと配慮**なのだ。

気遣いや配慮に費やすエネルギーと、それによって得られる信頼や安心感とを比べた場合、どちらのエネルギーが大きいか。

私は自信を持って、後者のほうが圧倒的に勝っていると断言できる。

仕事と家庭は驚くほど似ている！

問題はチームで解決する

仕事の場合

さまざまな個性、能力を持った人間が力を合わせて難題をひとつひとつクリアし、業績アップを目指す

家庭の場合

家事や地域コミュニティへの参加などを家族で分担し合い、円満な家庭生活を目指す

信頼関係が大事

仕事の場合

仲間や取引先と互いに目標を共有し、信頼し合えているからこそ、たとえトラブルが起きても、それを乗り越えることができる

家庭の場合

家族が信頼し合えれば、お互いの仕事やプライベートとバランスをとりながら、より良い家庭づくりに力を入れることができる

仕事　目標：業績アップを目指しつつ、社員の人生を充実させる

家庭　目標：家族みんなが幸せで円満な環境をつくる

拘束力が強い

仕事の場合

出社時間、会議の進め方、新規企画の提出方法、人事など、さまざまなルールによって縛られている

家庭の場合

ゴミ出し、掃除、洗濯、教育活動への参加、お金の使い道など、家庭を維持していくためのルールが多い

気遣いと配慮を忘れない

仕事の場合

上司、同僚、部下、それぞれに対して気遣い、配慮することで、仕事が円滑に進められる

家庭の場合

もはや「男は仕事、女は家事」の時代ではないので、家族の役割をきちんと認識し、敬意を持ってお互いのやるべきことを補い合う

仕事と家庭では目標こそ違うが、そこに向かうまでの道筋はまったく変わらない！

仕事力のコツ

47 「人生どうにかなる！」と朗らかに生きよう

～常に「自分を幸せにしたい」という軸を忘れない～

人間は、自分を幸せにするために生きている。そして幸せになるためには、ある程度先を見据えながら、計画的かつ効率的に生きるのが大事だという話を、ここまでしてきた。

だが、今の日本を見ると、とても楽観はできない。たとえ計画を立てても、うまくいくとはかぎらない。心配だらけの世の中じゃないか……。そう思っている人も少なくないだろう。

しかし、**先を心配しても、いいことなどひとつもない。結局、人生はなるようにしかならない**。「ケ・セラセラ、まあ、どうにかなるわ」と楽天的に生きる。「幸せになるため」という目標に向けて、人事を尽くして天命を待てばいいのである。

もちろん、人生では多くの壁が立ちはだかる。

私の場合、6歳で父親を失い、貧しい暮らしを余儀なくされた。

長男は障がいを持って生まれ、妻は重いうつ病に悩まされ自殺未遂を重ねた。

取締役をわずか2年で解任され、子会社に左遷された。

これらの出来事が起こるたびに、心が揺れないわけがない。先行きにまったく不安を感じなかったと言えばウソになる。

だが、どんなことが起きても、私は結局、楽観的でいられた。

妻がうつ病になってしまったのは、しかたのないこと。

子どもが3人もいれば、ひとりぐらい何かあっても不思議ではない。


そう切り替えて、何とか前を向いて生きることができたのは、どんな苦労にもめげず、常に明るく笑顔で働いていた母の姿があったからである。

母は、私を含めた4人の子どもたちを育てるために、毎日働き詰めだった。だが、暗い顔ひとつせず、グチもこぼさず、いつも一所懸命で、つらいことがあっても、私にこう言いきかせてくれた。


「運命を引き受けてがんばろうね。がんばっても結果は出ないかもしれない。でも、

がんばらなければ何も生まれてこないじゃない」

この母の教えに、私はどれほど助けられたかわからない。だから今、同じ言葉を、不安な時代を生きる君たちにも是非、贈りたいと思うのだ。

与えられた運命のなかで、いかに心穏やかに生きられるか。

人を恨んだり妬んだりせず、どれだけ心安らかに生きられるか。

それが、幸せかどうかのバロメーターだと私は思う。

穏やかに安らかに生きるためには、どう働けばいいのか。どの程度お金を稼げばいいのか。それは、人それぞれ。世間の常識になんか縛られなくていい。君自身が決めればいい。

1000万円の貯金があっても「不安でしかたかない」のか。

5000万円もあれば「まあ大丈夫だ」と思えるのか。

自分が描く人生設計のなかで、その都度、考え、修正し、そして決める。

迷ったり悩んだりしたときは、「自分を幸せにしたい」という軸に立ち返る。そうすれば、仕事もお金も人生も、きっと正しい選択ができるはずだ。

私のジェットコースター人生

年（年齢）	仕事	家庭
1944年（0歳）		4人兄弟の次男として生まれる
1950年（6歳）		父が亡くなり、以後、母に女手ひとつで育てられる
1969年（25歳）	東レ入社	東大経済学部卒業
1970年（26歳）		結婚
1972年（28歳）		長男誕生、のちに自閉症が発覚
1973年（29歳）		次男誕生
1974年（30歳）		長女誕生
1984年（40歳）	繊維企画管理部統括課長に就任	妻が急性肝炎で入院
1987年（43歳）	東京へ単身赴任	入退院をくり返す妻に代わり、家事運営にあたる
1989年（45歳）	大阪に異動	
1992年（48歳）	東京に異動	家族とともに東京に引っ越す
1993年（49歳）	プラスチック事業企画管理部長に就任	長男の症状がひどくなる
1995年（51歳）		長女が自殺未遂
1996年（52歳）	繊維事業企画管理部長として大阪へ単身赴任	
1997年（53歳）		妻のうつ症状が始まる
1999年（55歳）	理事（役員待遇）に就任	
2001年（57歳）	同期トップで取締役に就任	2月、妻が自殺未遂・介護生活の末、母が亡くなる 10月、再び妻が自殺未遂
2003年（59歳）	東レ経営研究所社長に就任（左遷）	
2006年（62歳）		初の著書『ビッグツリー』刊行、原稿執筆中、家族と話し合い絆を深める
2010年（66歳）	会社員生活に終止符	

第5章

人生をより幸せにする知恵のポイント

- □「いずれどうしたいのか」を若いうちから考えるのは、決してムダではない
- □お金は手に入れるより、賢く使うことを考えるほうがとても重要
- □生活費のほかに、「サムマネー」が手に入るくらい稼ぐ努力をする
- □健康に無頓着な人は、仕事でも結果を出せない
- □転職、起業は、それまで会社で築いた財産をリセットすることだと認識する
- □結婚相手を決める際に、もっとも重要なのは「リスペクト」できるかどうか
- □家庭も仕事もチームとしてとらえる
- □家族への気遣いがあって初めて、ケンカも言い合いもできる
- □「本物」「超一流」に触れることで、人間力もグンとアップする
- □人生は思い通りにならないからこそ、「自分の幸せ」を軸に生きていく

おわりに

悩み多き時代である。そして生きにくい時代でもある。

人間関係のむずかしさ、仕事や自分に対する自信のなさ、将来に対する不安——現代は若い人にとって、どうしてこうも元気が出ない時代なのだろうか？

もう少し自信を持って、明るくイキイキと生きられないものなのだろうか？

「後世畏るべし（若者はさまざまな可能性があるので、若いからといってあなどってはいけない）」と孔子は言ったが、そんな元気のいい若者はあまり見当たらない。

それでも、わずかではあるが明るい前向きな若い人がいる。

そういう人と自分は、どうして差がついたのだろうか。

どうしたら、そんな人間になれるのだろうか。

そういう人に私は強く言いたい。

君は今日からでも変わることができる。今日からでも幸せになれると。

この本は、そのためのヒントになれば、という思いで書いたものだが、何と言っても、「自分が幸せになろう」という意志を持たなくてはならない。

一歩前に出ようという決意をすること。

人は何のために生まれてきたのか。それは幸せになるためであって不幸になるためでは決してない。

私はこの本のなかでいくつかキーワードを述べた。

「相手をリスペクトしなさい」「最初に相手の利益を考えなさい」「逆境は人を強くする」「礼儀正しさは最大の攻撃力」「すぐやる前に考えよう」「部下力を身につけなさい」「座右の書を見つけよう」などなど……。

その底流にあるのは、「自分の生き方を自分で選択すること」と、「他者に貢献することで自分が幸せになれる」という考え方である。

人生は誰かに与えられたものではなく、みずから選択するもの。大切なことは何が与えられているかではなく、与えられたものをどう使うかである。

人はひとりでは生きていないし生きられない。いつも誰かとかかわって生きていくし、人間関係に無縁な人などどこにも存在しない。

その人間関係をスムーズにし、相手から信頼を得るためには、他者に貢献することが近道である。他者に貢献することで相手に感謝され、自分が幸せになれるのである。

この本が、君の生き方に少しでも役立ってくれればうれしい。

佐々木常夫

2016年11月

[著者略歴]

佐々木常夫（ささき・つねお）

1944年秋田市生まれ。69年、東京大学経済学部卒業後、東レ入社。自閉症の長男を筆頭に年子の次男、長女の3人の子どもを授かる。課長に就任した84年、妻が肝臓病を発症し、さらにその後、うつ病を併発したうえ、長男の症状も悪化。その一方で、破たんした会社の再建、東レの事業改革、大阪と東京の6度にわたる転勤など業務も多忙をきわめる。そうしたなか、毎日6時に退社し子育て、家事、看病を行えるよう、働く時間を最大限効率化する独自のタイムマネジメント術、そして幸せを軸とする仕事術を確立。過酷な状況にも負けずに数々の大事業を成功させ、2001年、同期トップで東レの取締役に就任する。03年、東レ経営研究所社長に就任し、10年、株式会社佐々木常夫リサーチマネージメントを設立、サラリーマン生活に終止符を打つ。ほかに、内閣府の男女共同参画会議議員、大阪大学客員教授などの公職を歴任。「ワークライフバランス」「ダイバーシティ」の第一人者として、現在も執筆、講演など多方面での活動を続ける。
ベストセラーとなった『完全版 ビッグツリー』『そうか、君は課長になったのか。』『働く君に贈る25の言葉』（ともにWAVE出版）、『決定版 上司の心得』『決定版 出世のすすめ』（ともにKADOKAWA）など著書多数。

君が会社で幸せになれる **一生使える仕事力**

2016年12月1日　　第1刷発行

著　者　佐々木常夫
発行者　唐津　隆
発行所　株式会社ビジネス社
〒162-0805　東京都新宿区矢来町114番地 神楽坂高橋ビル5階
電話　03(5227)1602　FAX　03(5227)1603
URL　http://www.business-sha.co.jp
〈編集協力〉藤原千尋　〈カバーデザイン〉中村 聡
〈本文組版〉エムアンドケイ　〈撮影〉城ノ下俊治
〈印刷・製本〉半七写真印刷工業株式会社
〈編集担当〉大森勇輝　〈営業担当〉山口健志

ISBN978-4-8284-1924-4